AF589846

OBSERVATIONS

SUR

LES VOITURES A DEUX ROUES,

POUR L'USAGE DU COMMERCE,

ET

LE SERVICE DU CANON DE BATAILLE;

PAR **J. GROBERT**,

CHEF DE BRIGADE D'ARTILLERIE.

A PARIS,

De l'Imprimerie du JOURNAL DE PARIS, rue J.-J. Rousseau. AN V.

Donné à la Bibliothèque de l'arsenal de Paris par l'auteur J. Grobert

AVIS.

On attribue à Voltaire cet axiome judicieux, que la meilleure réponſe à une mauvaiſe critique eſt un bon ouvrage.

Pénétré de cette vérité, je m'efforçais de rendre utiles au public les raiſonnemens que j'oppoſe à deux Mémoires anonymes que le citoyen Villantrois, chef de bataillon d'artillerie, a fait circuler il y a environ huit mois.

Un de ces Mémoires eſt deſtiné à combattre le ſyſtême que j'avois propoſé pour la conſtruction des affûts & caiſſons ſans avant-train. L'autre entreprend la critique des opérations qui m'ont été confiées pour le tranſport des grouppes de *Couſtou*, & de la deſcription de ces travaux, dont le Gouvernement avoit ordonné l'impreſſion.

Je n'ai pas crû que des écrits anonymes, qui n'annonçoient pas une grande force de raiſonnement, méritaſſent une réfutation ſérieuſe. Je m'occupais uniquement à donner ma réponſe explicite dans un ouvrage qui feroit connoître aux praticiens les perfectionnemens que l'on peut introduire dans la conſtruction des voitures de toutes eſpèces.

Ce petit traité, dont la publication n'eſt retardée que par la gravure des planches qui doivent y être annexées, cherchoit la ſolution d'un problême important; c'eſt celui de *conſtruire les voitures les plus ſolides, les moins ver-*

ſantes, les plus économiques, & les mieux diſpoſées pour la conſervation des chemins & des chevaux.

Le citoyen Villantrois, impatienté de mon ſilence, a publié un troiſième Mémoire, intitulé : *Examen de la queſtion de ſavoir laquelle des deux, &c.*

C'eſt une grande queſtion que *la queſtion* de *ſavoir*; mais lorſqu'elle eſt dirigée plutôt ſur les hommes que ſur les choſes, le public s'amuſe impitoyablement aux dépens des auteurs qui veulent l'intéreſſer à leurs débats. Si cet officier n'avoit pas manifeſté une envie brûlante d'avoir raiſon, & qu'il eût traité avec un ſtyle plus châtié, & moins de précipitation, une thèſe utile & curieuſe, il eût infailliblement mieux captivé l'attention de ſes lecteurs.

Inſtruit par lui-même, je ne m'occuperai pas de relever l'inexactitude des informations qu'il a recueilli ſur ma carrière militaire, & je me renfermerai dans la diſcuſſion du problême qu'il agite. Je ferai forcé, à cet effet, d'extraire quelques fragmens de l'ouvrage annoncé ci-deſſus, & en ramenant le citoyen Villantrois à une théorie plus exacte, chercher un réſultat qui puiſſe affectionner le public par quelque application utile à ſes beſoins.

OBSERVATIONS

Sur les Voitures à deux roues, pour l'usage du Commerce, & le service du Canon de bataille.

J'AI dit dans plusieurs Mémoires, & je répète ici, que l'évaluation de l'effort du tirage étoit déterminée par l'étendue du rayon de la roue. Que dans les voitures à deux roues elle demeuroit dans son intégrité ; mais que dans les voitures à quatre roues, le diviseur de la résistance étoit la moyenne entre le rayon de la grande & de la petite roue, qui est évidemment moindre que le rayon de la grande roue. Je concluois de là qu'il y avoit une moindre dépense de force pour le tirage des voitures à deux roues, que pour celles qui sont montées sur quatre roues; toutes choses étant d'ailleurs égales pour le poids, la nature du sol, &c.

Je m'attendois peu à la dénégation d'un principe qui est d'une évidence aussi frappante, & dont l'application a fixé la construction de la majeure partie des voitures du commerce; car je répéterai, avec le citoyen Villantrois, que (*) *l'intérêt n'est pas aveugle.*

Nous aurons lieu de revenir sur cette idée; discutons le principe. Dans son dernier Mémoire, le citoyen Villantrois

(*) A cette remarque, consignée dans les Mémoires précédens, le citoyen Villantrois a répondu, dans un de ces écrits anonymes, par cet argument : *Il est faux que la majeure partie des voitures de commerce soient montées sur deux roues.* Le public en appréciera la bonté.

veut bien admettre que les grandes roues aient quelque avantage, mais il ajoute que le rayon ne sert qu'à diviser le frottement des boîtes sur l'essieu. — Dans le premier Mémoire anonyme, il ne semble pas admettre que le rayon de la roue influe en rien sur le calcul des forces de traction. Il cite à cet effet un passage de Bézout (T. IV. § 800, page 409).

J'affirme que le citoyen Villantrois se trompe dans les deux hypothèses.

En examinant d'abord celle qui paroît exclure le rayon comme partie élémentaire du calcul des voitures, je dirai que Bézout n'a pas été interprété avec précision, ni cité en entier.

Voici le passage en question :

« On voit que la question du tirage à l'aide des roues, » outre les difficultés physiques relatives au frottement, » n'est pas aussi simple qu'on pourroit le penser d'abord; » & que ce seroit, par exemple, s'exposer à trouver » un rapport très-différent du véritable, entre la force » motrice & le poids de la voiture, que de comparer leur » action à celle d'un poids & d'une puissance qui se feroient » équilibre sur un plan incliné, sans autre moyen que la » résistance qui se fait au point d'attouchement sur le sol. »

Cet exposé peut être facilement compris en parcourant les raisonnemens de l'auteur qui l'ont précédé, ou en leur donnant quelque extension. Je m'efforcerai d'épargner, autant que faire se peut, les figures.

Lorsqu'une voiture à deux roues est chargée en équilibre sur l'essieu, on peut supposer son centre de gravité au milieu de celui-ci. Si la voiture est en repos, le centre de gravité coïncide avec la verticale sur laquelle agit la totalité du poids.

Il ne peut donc pas y avoir de mouvement progressif ou rétrograde, jusqu'à ce que le centre de gravité ne soit entraîné hors de cette verticale dans la direction antérieure ou postérieure. Il est utile de remarquer ici qu'il existe, entre la fusée & la boîte, une petite différence de calibre que les artilleurs appelleroient *vent ou évent* (*).

Ce que nous venons de dire pour l'excentricité de l'essieu dans la boîte, est assez clairement démontré à un mécanicien ; mais comme nous manquons de figures, & que le Cit. V. paroît aimer les citations, nous transcrirons la remarque de Bézout (tom. IV, § 792, page 398) à ce

(*) Le Dictionnaire de l'Académie appelle *évent* la différence du diamètre du boulet à celui de la pièce. On dit communément dans l'artillerie *le vent* du boulet. Il seroit pourtant utile d'adopter une dénomination exacte. Celle de l'académie me paroît préférable en ce que le mot, qui dérive *d'éventer*, exprime assez bien la déperdition du fluide qui se fait par ce vuide. L'on objecte que cette adoption pourroit entraîner des équivoques. Dans la fonte des pièces, on appelle *évent* un défaut de matière ou gerfure longitudinale, pour la distinguer de la soufflure, qui est une cavité profonde. — On répondroit à cette objection que l'on dit l'*évent du boulet*, & non pas l'*évent de la pièce*, pour exprimer la différence des diamètres. — Il demeureroit donc convenu, en donnant la préférence au Dictionnaire, que l'on ajouteroit au mot *évent* ceux-ci, *du boulet*, comme on a coutume de prononcer habituellement. Le mot *vent* du boulet peut avoir aussi deux acceptions; car on peut entendre, par cette expression, la quantité d'air que le boulet déplace rapidement dans sa projection.

Il me semble donc qu'il seroit plus juste de s'en rapporter au Dictionnaire académique. Je ne fais que hasarder cet opinion, de crainte d'être encore accusé d'*innovation*. On voudra bien me pardonner cette note, quoique étrangère au sujet.

sujet : *Je dis en un point hors de la verticale qui passe par le centre de l'essieu, & non pas au point où cette verticale coupe la surface du moyeu; car, il est aisé de voir que dès qu'on suppose qu'entre le poids de la voiture il y a une force de traction dirigée selon une ligne quelconque, plus ou moins inclinée au sol, la pression de l'essieu contre le moyeu doit se faire suivant une ligne inclinée à l'horison, & que, par conséquent, l'essieu doit appuyer contre le moyeu en quelque point, hors la verticale qui passe par le centre de celui-là.*

Je crois toutefois que l'on peut ajouter à cette observation une remarque importante. La surface convexe de la fusée de l'essieu, & la surface concave de la boîte, sont des portions d'une courbe circulaire. Or s'il y a, comme cela existe évidemment, un déplacement du centre de l'essieu qui est entraîné dans la direction selon laquelle un cheval agit en marchant, la fusée doit se prêter au contour de la cavité où elle frotte, en supposant toujours une résistance dans le point d'attouchement de la roue sur le sol, & en observant que cette résistance est très-sensible dans le premier instant de l'impulsion des chevaux. — Et comme un cylindre ou un cône emboîté dans un autre avec une cavité entre les surfaces frottantes, ne peut pas se déplacer dans la direction horisontale, sans que le centre de son cercle générateur, ou celui de la section moyenne ne remonte, il paroît évident qu'avant que la rupture d'équilibre ait lieu ou que la roue commence à tourner, la puissance doit soulever la totalité du poids, de la différence qui existe entre le placement de son centre de gravité lorsque la voiture est en repos, & celui où il est élevé lorsque

la

la voiture eſt ſur le point de ſe mouvoir. — On conçoit, par cette théorie ſimple, que la rotation des roues n'eſt autre choſe qu'un déplacement continuel de l'eſſieu, ou du centre de gravité (*) porté vers l'un des demi-cercles de la roue, pour entraîner l'autre. = Lorſqu'une voiture recule, cet effet eſt produit dans un ſens inverſe, &c.

Un tel déplacement n'eſt déterminé, à dire vrai, que par une très-petite différence de niveau, ſi l'on n'a égard qu'au placement mutuel de la fuſée & de la boîte. Je ne crois pas qu'il ſoit de 6 lignes dans les charettes dont les roues auroient 5 pieds & 4 pouces de diamètre.

Mais les chevaux ſoulèvent dans cet inſtant la totalité de la charge, pendant que la fuſée frotte ſur un arc de la boîte inſtantanément immobile. On voit donc que cet effort doit être très-grand, vu l'élévation du poids ſur cette hauteur, & la preſſion des parties frottantes, que l'on ne ſauroit trop atténuer par l'application des corps gras que l'on a coutume d'y introduire.

On apperçoit déja, en abordant la queſtion, que Bézout a dû éveiller l'attention de ſon lecteur ſur la ſagacité & la multiplicité des conſidérations qu'il faut avoir en vue pour apprécier le tirage des voitures. Cette vérité acquierra une nouvelle force par la ſuite ; mais ſon application ne ſervira pas la fauſſe interprétation qui en a été faite. Effectivement, ſi la maſſe qui a peſé ſur la verticale, ſe déplace dans une ligne plus ou moins inclinée à l'horizon, pour faire pencher le rayon de la roue, on peut ſe repréſenter cette action, par la preſſion

(*) Suppoſé ſur l'eſſieu.

d'un poids que l'on placeroit fur un bâton vertical, & qui feroit culbuter celui-ci en s'inclinant. Il n'eft pas befoin de démontrer que fi un obftacle quelconque s'oppofoit au penchement de l'extrémité du bâton qui touche au fol, le poids dont il eft chargé auroit autant plus de prife pour vaincre cette réfiftance, que le bâton feroit plus élevé. Chacun peut fe convaincre de cette vérité groffièrement figurée, en enfonçant dans la terre des bâtons de différentes longueurs, pour évaluer la réfiftance qu'il éprouveroit, en les arrachant dans une direction qui s'éloigneroit de la verticale.

Une telle hypothèfe eft approximativement celle d'un rais qui furmonte l'obftacle oppofé à la révolution de la roue; & comment auroit-on fuppofé qu'un favant célèbre à jufte titre, en inférant l'obfervation citée ci-deffus, eût prétendu exclure l'influence des dimenfions des roues fur l'effort du tirage des voitures? Une abfurdité pareille ne valoit pas la peine de la difcuffion.

A quoi fert maintenant la remarque précitée de Bézout? Elle nous avertit que plufieurs élémens entrent dans le calcul du tirage des voitures. Nous tranfcrirons, pour appuyer cette opinion, un période qui précède la citation du citoyen Villantrois. (Bézout, T. IV, §. 799, p. 408.)

« L'angle d'inclinaifon de la direction de la force de » traction à l'effieu, & la diftance horizontale de l'effieu » au point où le timon eft attaché, dépendent de l'incli- » naifon du plan, de la hauteur du cheval, & du rayon » de la roue, &c. »

Si la voiture étoit tirée par une corde, alors plufieurs de ces confidérations, & effentiellement celle de l'action du cheval, feroient fuperflues, attendu que la force motrice feroit *beaucoup moins affectée* de l'irrégularité des mouvemens, &c.

Je dis *beaucoup moins affectée*, car Bézout n'a pas écrit pour prêter aux difputes minutieufes; il a dû omettre des explications qui font confiées à l'intelligence d'un lecteur calme & judicieux. Car fi la voiture tirée à l'aide d'une corde traverfoit une furface couverte d'inégalités, la puiffance fe reffentiroit de l'affaiffement ou de l'élévation des limons. L'élafticité de la corde, qui eft une confidération acceffoire, diminueroit tant foit peu cette fatigue. Mais fi la tenfion du tirage n'étoit pas uniforme & continue, la puiffance en feroit encore affectée, par la néceffité de vaincre à plufieurs reprifes l'inertie primitive, chaque fois que le mouvement de la voiture feroit arrêté ou ralenti; le frottement latéral ajouteroit à ces difficultés. Tous ces défauts font fenfibles dans le tirage à *la prolonge*, qui fait l'admiration d'un fi grand nombre de gens.

Il y a plus. En faifant valoir les confidérations, autres que celles de l'influence de la roue, qui fixent l'intenfité de l'effort du tirage, il femble que l'on a envifagé, dans l'expofé de Bézout, le cheval comme étant fortement attaché au limon, & faifant, pour ainfi dire, un fyftême de continuité inflexible avec le corps de la voiture. Il eft utile d'obferver que cette hypothèfe n'eft pas exactement conforme à la vérité, car *la doffière* ou fangle flexible qu'il porte fur fon dos, fe prête non-feulement aux mouvemens latéraux, mais elle brife auffi, quoique foiblement & en raifon de fon étendue, &c., les impulſions de la voiture, qui ſont à-peu-près parallèles à la direction du cheval. Le cheval agit auſſi ſur les traits poſés ſous les limons (*) ; car ſi le tirage horizontal ne ſe faiſoit pas par les traits, ces derniers ſeroient ſuperflus. L'hypothèſe de la voiture tirée par une corde, s'identifie donc tant ſoit peu avec celle d'un cheval attelé à un limon, vu qu'il exiſte entre la puiſſance animée & la machine, un moyen de flexibilité qu'il ſeroit utile de perfectionner. Lorſque la voiture eſt chargée ſous l'eſſieu, ces mouvemens ſont décompoſés avec plus de ſuccès, & la roue acquiert dans ſa marche un mouvement plus régulier & moins ondulatoire (**).

Il demeure donc conſtant, par l'expérience, par la théorie, & par l'autorité même de Bézout, que le Cit. V. m'oppoſe, que le rayon de la roue influe ſur l'évaluation du tirage. Mais le rayon eſt-il l'élément qui domine ? & l'inclinaiſon du plan, ou la direction des traits, &c., ne l'emportent-ils pas ſur les dimenſions de la roue ? Il

(*) Lorſqu'on attèle un ſeul cheval. Quand on y joint des chevaux antérieurs, attelés par des traits, aux extrémités des limons, alors la thèſe revient exactement au problême du tirage des voitures par une corde. Or, cette diſpoſition eſt poſitivement celle des voitures de commerce & du canon de bataille.

(**) Les voitures qui tranſportent les gros bois chargés ſous l'eſſieu, offrent une preuve évidente de cette aſſertion ; la révolution de leurs roues eſt uniforme & ſans déviation. Les chevaux qui traînent un gros poids n'en ſont pas *chargés*, ce qui tient à d'autres principes, que nous aurons lieu de rappeler par la ſuite.

paroît que tout le discours du citoyen Villantrois se réduit à l'examen de la question posée de la sorte. Je crois donc introduire plus de clarté dans la discussion, en la continuant sous ce point de vue.

Le citoyen Villantrois, dans son mémoire non anonyme, avoue, ainsi que nous l'avons indiqué, que le rayon de la roue entre pour quelque chose dans le calcul; mais il ne peut servir, dit-il (page 3), qu'à évaluer l'effort nécessaire à vaincre le frottement de l'essieu. Ce citoyen eût bien fait de tourner la page (Bézout T. IV, § 802, page 410), qui est au verso de la citation qu'il m'a opposée. La remarque qui s'y trouve détruit non-seulement son assertion; mais par cette seule réflexion, qu'elle est énonciative d'une *hypothèse non discontinuée*, elle nous avertit que le rayon de la roue aide l'action de la puissance plus habituellement & plus efficacement que toute autre considération accessoire.

Voici cette remarque.

« Quand un cheval fait effort sur une voiture, pour » faire passer la roue sur un obstacle, alors la question » est fort différente, &c.... La résistance du frottement » de l'essieu contre le moyeu, doit donc être assez grande » pour que leur surface commune ne se quitte pas pendant » cette action, & alors la force résultante du poids de » la voiture & de l'action du cheval, doit passer par le » point le plus élevé de l'obstacle, &c.... Et comme » il est évident que la force de traction sera d'autant » plus éloignée de ce point, quand le rayon de la roue » sera plus grand, on voit que les grandes roues ont à » cet égard un avantage réel sur les petites, quoique cet

» avantage ne soit pas précisément dans le rapport du » rayon (*). »

Cette remarque détruit non-seulement l'assertion du citoyen Villantrois, qui borne la fonction du rayon à celle de diviseur du frottement sur l'essieu, mais elle amène un corollaire important qui décide, à mon avis, péremptoirement la question. C'est que l'obstacle que Bézout semble indiquer ici en raisonnant *à maximis*, EST UNE HYPOTHÈSE NON DISCONTINUÉE DE LA RÉSISTANCE A VAINCRE PAR UNE ROUE QUI EST EN MOUVEMENT, en imaginant toutefois les obstacles disposés successivement comme ils le sont dans la nature.

Il est effectivement démontré que la fonction de la roue est assidument celle de monter sur un pavé ou sur un caillou pour en descendre, ou de fouler l'élévation de terre qui est devant la jante dans l'accottement terreux, pour soulever le poids de la voiture sur une différence de niveau quelconque. Si nombreuses & irrégulières que puissent être les chances & les dispositions du sol, il se présente sans cesse un obstâcle qui nécessite l'élévation de la voiture pour le franchir, & par conséquent l'action du rayon pour l'entraîner.

Si l'on veut donc choisir une formule pour évaluer ce surcroît de résistance dans le tirage, on déterminera par convention le plus haut des obstacles qu'une voiture peut rencontrer dans une grande route, & en ajoutant au résultat

(*) C'est-à-dire, que l'action du rayon est diminuée par la hauteur de l'obstacle ; ou, ce qui revient au même, que le bras de levier est raccourci, dans le cas supposé par Bézout.

de la formule que j'ai indiquée pour le frottement, la multiplication du poids (*), par la moitié de la hauteur de l'obſtacle, on diviſera le tout par la portion de la perpendiculaire abaiſſée ſur la direction des forces, qui n'eſt pas coupée par l'obſtacle. Cette portion eſt marquée par l'abſciſſe tirée du ſommet de l'obſtacle ſuſdit, ſur une portion de la perpendiculaire, enviſagée comme ſon ordonnée. Si l'on appelle donc,

P Le poids de la voiture & de ſa charge;

n L'obſtacle;

r Le rayon de la ſection moyenne de la fuſée;

R Le rayon de roue,

Nous aurons pour l'expreſſion totale de la réſiſtance (**),

$$\frac{\frac{P}{3} \times r}{R} + \frac{P \times \frac{n}{2}}{R - \frac{n}{2}}$$

(*) Le ſol eſt parſemé d'obſtacles; ils ſont interrompus ou continus. Si la continuité eſt telle que la roue qui a ſurmonté le premier, roule horizontalement ſur la hauteur de ceux qui ſuivent, ce qui eſt fort rare, dans cet inſtant la ſeconde phraſe de la formule eſt ſuperflue; que ſi l'interruption laiſſe tomber la roue au-delà de l'obſtacle, après l'avoir ſurmonté, ce qui eſt plus fréquent, on pourra imaginer l'action de la puiſſance, tantôt chargée du poids pour l'élever ſur la totalité de l'obſtacle, & tantôt entièrement ſoulagée de l'effort de tirage, lorſque la voiture retombe par ſon propre poids. La moyenne ſera donc la moitié de la hauteur de l'obſtacle, eu égard à la ſomme des momens, dans la totalité de l'eſpace à parcourir.

(**) J'obſerve, pour la plus grande préciſion de la formule, que le rayon vertical ou la perpendiculaire abaiſſée ſur la direction des forces, ſont la même choſe, ſauf la déduction que la hauteur

Je vais au devant de deux objections ; 1.° j'ai dit dans les mémoires précédens, qu'il falloit multiplier le poids de la voiture, par le rayon de la fusée, &c. Ici on multiplie le tiers de ce poids. 2.° La formule, dira-t-on, étoit incomplette, puisqu'il n'étoit pas question alors du second terme qui exprime l'influence de l'obstacle.

Une seule réponse convient à ces deux remarques.

Dans les mémoires essentiellement destinés à faire connoître aux artilleurs les motifs des changemens que j'avois adopté, il étoit suffisant de démontrer que le rapport entre la puissance & la résistance, étoit moindre dans les voitures à deux roues. Pour indiquer le motif qui accusoit le tiers du poids avant de le diviser par le bras de levier, il eût fallu remonter inutilement à la théorie primitive du frottement, & expliquer comment, par suite des expériences faites sur les plans inclinés, l'on a fixé au tiers l'évaluation du poids qui doit être divisé par les bras de levier dans les machines de toutes espèces. Cet épisode eût été fort long, à moins qu'il ne fût annoncé sans être motivé (*). Il eût été inutile, puisque encore

---

de l'obstacle occasionne sur la longueur du rayon. J'observe également que l'excentricité de l'essieu dont nous avons parlé, altère tant soit peu les dimensions du rayon ; mais que cette différence, qui ne feroit que jeter de l'obscurité, ou au moins compliquer & alonger inutilement la formule, est insensible dans l'application du calcul à la pratique ; & c'est vers cette application que j'ai essentiellement dirigé mes recherches.

(*) Comme il ne peut pas être plus développé ici, que dans les mémoires précédens, ceux qui ne feroient pas spécia-

une

une fois, il n'étoit question que d'annoncer l'influence du rayon, qui est la même dans les deux hypothèses, que le rayon subisse ou non une division quelconque. Le même raisonnement peut s'appliquer à l'appréciation de l'effort que nécessite la présence de l'obstacle. Je me réservois d'ailleurs à produire, dans un ouvrage plus étendu, les développemens de ce calcul.

On peut, je crois, supposer, sans s'éloigner beaucoup de la vérité, que l'élévation des pierres, ou autres obstacles qu'une roue devroit surmonter en abordant leur surface verticalement, n'excède guères six pouces dans les routes ordinaires. Lorsque la roue tombe dans des marres ou cavités qui ont quelque étendue, on ne doit pas évaluer pour les momens de la résistance à vaincre, toute la hauteur que la différence de niveau exprime, attendu qu'en pareil cas, l'effort pour remonter se fait communément sur la longueur d'un plan incliné; & non pas en abordant un obstacle qui se présente par une coupe verticale, ainsi que la formule le suppose. — L'hypothèse continue de six pouces, sembleroit même outrée à quelques égards, si l'on n'observoit pas que les montées doivent entrer jusqu'à un certain point dans cette évaluation. Je dis jusqu'à un certain point, parce que les montées trop rapides sortent de l'hypothèse; que d'ailleurs, dans les montées ordinaires, il faut ajouter d'autres considé-

---

lement adonnés aux sciences, peuvent touver cette théorie assez clairement énoncée dans Bélidor, Arc. hydr. 1.re partie, T. 1. ch. 2, pag. 75 & suiv., & dans plusieurs autres auteurs.

rations, & que dans tous les cas d'une différence ſenſible & étendue, les chevaux font des efforts beaucoup ſupérieurs à ceux qui ſont indiqués dans l'évaluation des forces relatives, que pluſieurs théoriciens leur ont attribué. Par fois leur nombre doit être augmenté. Dans ces circonſtances, on ſort de la formule qui n'enviſage qu'un obſtacle outré, à dire vrai, vu l'hypothèſe de ſa continuité, mais forcé eſſentiellement pour compenſer certaines différences de niveau, & conduire à un réſultat qui s'approche autant que faire ſe peut, de la vérité dans la pratique.

Voilà ſans doute pluſieurs valeurs *approximatives*. Les ſavans ſpécialement conſacrés aux mathématiques pures, reprochent aux ſciences phyſico-mathématiques, des hypothèſes incomplettes, & des tâtonnemens qui ſouvent écartent un reſultat précis. Un tel défaut eſt inhérent aux recherches de l'eſprit humain ſur quelques phénomênes de la nature.

Cette conſidération a ſans doute contribué à l'incertitude que Bézout ſemble laiſſer ſur la fixation exactes des forces employées pour le tirage des voitures. D'autres écrivains ſe ſont contentés de n'enviſager qu'une portion du problême, & j'ai appris ſouvent de l'eſtimable & ſavant ingénieur Proni, cité par le Cit. V., que l'on manquoit ſur cette matière d'un grand nombre d'expériences, pour la traiter avec l'étendue dont elle eſt ſuſceptible. Je ne ſerai pas aſſurément plus habile que tant d'illuſtres auteurs; mais, habitué à obſerver & à méditer ſur cet objet, par une longue pratique des conſtructions militaires, je haſarderai l'opinion ſuivante.

Lorſque pluſieurs indéterminées s'introduiſent dans un problême de cette nature, ſi l'on ſe propoſe d'y adapter une formule, il faut avoir égard aux données qui dominent, & qui influent conſtamment; en cherchant enſuite, par un tâtonnement inévitable, les moyennes ou les extrêmes des conditions accidentelles, ſe repréſenter pluſieurs formules, & adopter celle dont l'application eſt d'un uſage plus commun & plus exact dans la pratique.

C'eſt dans cette vue que, ſans rejetter les conſidérations acceſſoires auxquelles il convient d'avoir égard pour établir le meilleur tirage poſſible, j'ai enviſagé le rayon comme l'élément le plus important de ce calcul; & pour vérifier la juſteſſe de mon apperçu, je me ſuis reporté à des exemples pratiques, habituellement expoſés aux regards du public. En voici quelques-uns.

Les voituriers qui tranſportent les plus fortes charges, ſont les Provençaux; ou ceux qui font les routes de la ci-devant Normandie par Gournay. Elles s'élèvent par terme moyen des ſaiſons juſqu'à 8000 livres. Leurs voitures pèſent avec les roues 1120 livres à-peu-près. Leurs roues ont 5 pieds & demi de diamètre; la ſection moyenne de la fuſée de l'eſſieu eſt de 4 pouces. Le chemin qu'ils parcourent eſt de 5 à 8 lieues de 25 au degré, ou de 2281 toiſes chacune, par jour, ſauf les accidens; ils attèlent quatre chevaux très-forts.

En traduiſant dont la formule que nous avons produite, & en ſuppoſant l'obſtacle de 6 pouces, nous dirons :

$$\frac{9120}{3} = 3040 \times 2 = \frac{6080}{33} = 184 \tfrac{8}{11} + \frac{9120 \times 3}{30} = 912.$$

L'effort total feroit donc de 1097 livres ; celui de chacun des quatre chevaux, de 274 livres ; & comme ces chevaux marchent pendant dix heures par jour environ, ils parcourent pendant ce temps 6 lieues & demi par moyenne de 5 à 8, felon les temps ou la diftance des repos, &c., ou 1380 toifes par heure. — *Delahire*, *Sauveur* & *Parent* attribuent à un cheval ordinaire, la force de 180 livres avec une vîteffe de 1800 toifes par heure. Mais l'on voit qu'il eft queftion ici d'animaux très-robuftes, puifque quatre chevaux traînent huit milliers. On peut donc leur fuppofer une force continue de 200 pefant. Le réfultat de l'application de la formule donne 274 pefant ; mais comme la vîteffe donne 1380, au lieu de 1800 qui eft allouée à ces animaux dans les données reçues, il eft évident que les momens de la formule reviennent à-peu-près à ceux de l'hypothèfe connue, puifque 1800 excède prefque autant 1380, que 274 excède 200 ; ou ce qui eft l'équivalent, qu'il y a autant d'excès de dépenfe en force, qu'il y a de diminution en vîteffe.

Tous les chevaux des voituriers ordinaires ne font pas auffi forts que ceux fur lefquels nous venons de raifonner. Auffi quelques-uns, & fur-tout ceux qui voyagent dans un pays inégal, ont-ils coutume d'atteler cinq chevaux à une voiture à deux roues, peur traîner une charge de huit milliers. Il eft évident que chaque cheval ne fait alors qu'un effort de 219 pefant, en confervant la vîteffe ci-deffus de 1380 toifes par heure ; on trouve alors pour l'évaluation des momens :

180 : 219 :: 1380 : 1626 $\frac{43}{60}$, au lieu de 1800, que l'hypothèfe de la vîteffe exige. Mais cette différence eft

infailliblement néceſſaire pour les montées. Il eſt d'ailleurs impoſſible d'augmenter partiellement l'effort du tirage par la valeur intrinſèque des forces individuelles, mais ſeulement par l'augmentation du nombre des chevaux; ce qui doit laiſſer une marge en tout cas très-utile.

Enfin les voituriers qui ont des chevaux *mêlés*, ou d'une force ſenſiblement inégale; qui doivent parcourir des portions de chemins dégradés ou ſablonneux, ou franchir des montagnes dans un long trajet, ſe bornent à charger ſix milliers ſur cinq chevaux. Leurs roues n'ont que 62 pouces de diamètre. Le poids de leur voiture eſt d'un millier, & la fuſée de l'eſſieu de 3 pouces. En reprenant la formule accoutumée, nous aurons pour cette dernière hypothèſe :

$$\frac{7000}{3} = 2333 \times 1\tfrac{1}{2} = \frac{3599}{31} = 118 + \frac{7000 \times 3}{28} = 750.$$

Le total de l'effort eſt de 868 livres, & de 173 livres pour chaque cheval, ſans avoir égard aux fractions que l'on rencontre dans ce calcul.

On apperçoit une marge de 7 livres dans la force, & 420 toiſes dans la vîteſſe; mais on doit remarquer que toutes les données ſont défavorables autant par la qualité des chevaux, que par la nature du ſol ſuppoſé, ce qui rend cette marge indiſpenſable.

Dans les trois hypothèſes que nous venons de parcourir, & dans leſquelles la force du cheval eſt toujours décroiſſante, on apperçoit que le réſultat de la formule s'approche de l'expérience, & que s'il exiſte une différence plus ſenſible dans les deux dernières, non-ſeulement elle eſt proportionnée à la difficulté des données, mais qu'il feroit même possible de l'exprimer plus exactement par la formule, en augmentant l'évaluation supposée de l'obstacle, dont la moitié est le multiplicateur de la résistance. Cette augmentation n'est pas une conséquence capricieuse, car on doit supposer l'obstacle plus élevé, là où le chemin est plus mauvais, & *vice versâ*. Enfin, si dans l'espace d'une lieue, l'on pouvoit appercevoir par un long usage, qu'un tel nombre de chevaux avec une charge donnée, & des roues d'un tel diamètre, traînassent une voiture sans un effort extrême & avec une vîtesse invariable, il seroit facile, en faisant usage de la formule ci-dessus, de fixer la hauteur de l'obstacle qui convient à cet espace, en sorte que le résultat revînt approximativement à l'attribution du moment de l'effort des chevaux, qui est de 180 livres, avec une vîtesse de 1800 toises par heure. Les voituriers font pratiquement & à leur insçu, cette évaluation; car le diamètre de leurs roues & la quantité de leurs chevaux varient selon la route qu'ils parcourent habituellement.

Que l'on augmente ou que l'on diminue l'obstacle, la hauteur de la perpendiculaire abaissée sur la direction des forces, & par conséquent le rayon, sera augmenté ou diminué proportionnellement. Celui-ci influera donc constamment, non-seulement pour diviser le frottement des boîtes, mais aussi pour soulever le poids de la voiture sur toutes les différences de niveau.

Si le rayon est le principal élément du calcul du tirage des voitures, il n'est pas moins évident que la moyenne entre deux roues inégales, sera le diviseur de la résistance. Le citoyen Villantrois observe que ce seroit *la moyenne entre les deux rapports.* Eſt-ce parce qu'il eſt des voitures où l'eſſieu de l'avant-train eſt moins fort que celui de l'arrière-train ?

J'obſerve, à mon tour, qu'il en eſt où ces deux eſſieux ſont égaux, & pour citer un auteur « qui doit être familier à tout officier d'artillerie », il trouvera, dans le recueil de Gribeauval, que les eſſieux des caiſſons de tout calibre, des haquets à bateaux, & des chariots à munitions, ſont égaux pour les grandes comme pour les petites roues ; il trouveroit la même méthode ſagement adoptée dans quelques-unes des voitures de luxe & de commerce à quatre roues en France, & dans la preſque totalité des voitures de guerre & de route d'Allemagne & d'Angleterre. C'eſt une foible épargne, à mon avis, que de ſouſtraire quelques lignes de fer à l'eſſieu de l'avant-train (*), pour ſe ſoumettre à la néceſſité d'avoir des boîtes de grandeur inégale. Il y a plus ; la fuſée de l'eſſieu de l'avant-train éprouve un frottement qui eſt à celui de la grande roue, comme le rayon de celle-ci eſt au rayon de la petite roue, c'eſt-à-dire, dans le rapport de 40 : 52, dans quelques voitures. Les difficultés que la petite roue éprouve ſont ſurmontées avec plus d'effort, & conſéquemment l'eſſieu antérieur eſt plus fatigué que celui qui appartient aux grandes roues, ſi la charge eſt également

---

(*) J'ignore pourquoi cette méthode a été adoptée pour les affûts de certains calibres. Le tour de force des deux encaſtremens n'étoit-il pas eſſentiellement deſtiné à faire porter la charge également ſur les deux eſſieux ?

partagée ſur les deux trains; ce à quoi il faut avoir égard, autant que faire ſe peut.

J'ai donc ſuppoſé les deux eſſieux uniformes, dans l'énonciation de ma formule.

1.° Parce que je crois que la bonne conſtruction exigeroit qu'ils le fuſſent;

2.° Parce que pluſieurs le ſont de fait;

3.° Parce que s'ils ne l'étoient pas, on doit ſuppoſer à celui qui eſt en état de faire uſage de cette formule, la capacité de la modifier pour l'appliquer à une conſtruction particulière; car, encore une fois, les formules très-exactes ne peuvent convenir aux problêmes de cette nature.

Nous concluerons donc, en réſumant cet expoſé ſuccinct, que l'arrêt du citoyen Villantrois, qui condamne notre formule comme *erronée*, a été rendu avec précipitation; nous concluerons qu'en ſuppoſant les données acceſſoires au tirage, dans une ſituation qui ne ſeroit pas énormément déſavantageuſe à la puiſſance, la formule que nous venons d'indiquer peut être employée avec la préciſion que l'on peut atteindre dans les recherches d'une telle eſpèce, pour évaluer le tirage; & que par conſéquent,

1.° La rupture d'équilibre des roues ſe fait par le déplacement du centre de gravité de la voiture qu'elles portent;

2.° Que le rayon meſure le levier qui diviſe leur frottement dans les boîtes, & la réſiſtance de l'obſtacle ſur le ſol;

3.° Que ſi le rayon fait cette fonction, la moyenne

entre

entre deux rayons inégaux ſur des fuſées égales, ſera le diviſeur de la réſiſtance;

4.° Que cette moyenne étant toujours moindre que le rayon de la grande roue, les voitures ſans avant-train ont un plus grand diviſeur de la réſiſtance;

5.° Que l'autorité même de Bézout revient à cette théorie, autant par la préſence non-diſcontinuée de l'obſtacle, que par l'hypothèſe d'une voiture tirée par une corde; que cette hypothèſe eſt celle d'un ſyſtême des points de continuité flexibles, par leſquels nos voitures de guerre, de luxe & de commerce ſont habituellement traînées, *lorſque les chevaux s'aident de leurs traits.*

Je terminerai cet article par une remarque.

Le Cit. Villantrois s'écrie : « J'ai inutilement cherché » un ſeul auteur qui ait pris la défenſe des voitures à deux » roues. *Un ſeul, & je ne l'ai pas trouvé!* »

Eh bien! moi, j'ai inutilement cherché un ſeul payſan, un ſeul haquet de vin, un ſeul fermier, un ſeul maître de poſte, un ſeul courier de la malle, &c. qui voulût d'une voiture à quatre roues; UN SEUL! ET JE NE L'AI PAS TROUVÉ!!!

Et ſi les autorités *de fait* ont du poids auprès de ce citoyen, je l'inviterai à fréquenter, le matin, les rues Saint-Antoine, Saint-Denis, Montorgueil, Saint-Jacques, &c., il aura la douleur de voir une foule de rouliers dont les voitures ſont & ſeront obſtinément montées ſur deux roues. Il verra le même ſyſtême d'ignorance dans la conſtruction des tombereaux qui ſervent la police, & qui ſont toutefois conſtruits dans une ville où les lumières abondent; il le verra dans les voitures nombreuſes qui font rapidement les voyages de Verſailles, Mantes, Melun, Saint-Germain, &c. (*)

Or, j'ai dit ailleurs, & je le répète ici, attendu que ce principe eſt conforme à celui que le Cit. Viliantrois proclame, que l'autorité la plus impoſante eſt le choix libre de la méthode dictée par l'intérêt dans une claſſe d'hommes qui étudient depuis long-temps & avec ſoin leurs avantages.

Et ſi les autorités écrites ſont indiſpenſables, je ferai mention des expériences qui prouvent inconteſtablement l'influence du rayon, & la différence que l'inégalité des roues occaſionne. On lira dans les tranſactions philoſophiques, que leur réſultat a été tel,

1.° Que quatre roues de 5 $\frac{2}{3}$ pouces de haut, c'eſt-à-dire, de moitié plus petites que celles qu'on emploie ordinairement dans les chariots, ont tiré un poids de 50 livres & demi, *aver-du-poids* ſur un plan incliné, avec une puiſſance moindre de 6 onces, que deux des mêmes roues employées avec deux plus petites, dont la hauteur n'étoit que de 4 $\frac{2}{3}$ pouces de haut;

2.° Que toute voiture eſt tirée avec plus de facilité dans les chemins raboteux, lorſque les roues de devant ſont auſſi hautes que celles de derrière, & que le timon eſt placé ſous l'eſſieu;

(*) Je ferai remarquer par la ſuite les défauts qui ſont attachés à ces voitures. J'indiquerai le moyen de les rendre douces & inverſables, & (choſe étonnante) ſans les monter ſur quatre roues.

3.° Qu'il en eſt de même dans les chemins d'une terre graſſe ou dans ceux de ſable ;

4.° Que les grandes roues ne font pas des ornières ſi profondes que les petites (*).

Le corollaire qui émane de cet apperçu eſt évidemment celui-ci. Si quatre roues d'une grandeur uniforme produiſent des effets plus grands que deux paires de roues inégales, on obtiendra un effet ſupérieur à celui des quatre roues égales, en ſupprimant les deux roues antérieures, car on épargnera leur poids, leur frottement, & leur inertie.

Mais parlons de la manière dont la puiſſance qui traîne eſt affectée, objet ſur lequel nous rencontrerons encore des citations & des autorités.

De l'inclinaiſon des Traits, & de la conſtruction des Roues.

Que ſi l'avantage qui eſt acquis aux voitures à deux roues, d'avoir un plus grand diviſeur de la réſiſtance, eſt anéanti par la plus grande fatigue des chevaux, alors cette méthode, dans le cas même où elle peut convenir, devient dangereuſe ou inutile.

Je crois que l'on peut traduire ainſi la ſomme des objections du Cit. Villantrois.

(*) Cette citation eſt inſérée dans l'Encyclopédie par ordre de matières. Art. *Charron.*

Deux inconvéniens peuvent être reprochés aux voitures à deux roues. Le premier, qui est réel *dans la construction actuelle*, est la superposition du centre de gravité qui fatigue *le limonier* dans les descentes, qui tend à l'enlever dans les montées, & qui par son instabilité, eu égard à la masse de la voiture, produit dans la marche horizontale des ondulations dont le cheval doit plus ou moins se ressentir. Le second est l'inclinaison des traits que le Cit. Villantrois croit être d'un grand avantage pour la puissance, & qu'il pense, parce que M. de Parcieux l'a dit, ne pas pouvoir être combinée avec les dispositions d'une voiture à deux roues.

Une première réflexion que cette idée fait naître, est que dans l'admission même de la réalité, de l'importance de ces défauts, & de l'impossibilité d'y apporter aucun remède, l'avantage des voitures à deux roues est assez sensible à ceux qui en font usage, pour compenser avec bénéfice la plus grande consommation des chevaux que cette méthode entraîneroit.

Il seroit absurde de produire ici pour excuse de leur répugnance la différence du coût des voitures avec avant-train. Cette dépense une fois faite ne vaudroit pas celle de l'achat des chevaux ; car dans l'hypothèse où ils seroient excessivement fatigués par les voitures à deux roues, leur coût dépasseroit beaucoup celui que la construction de celles à quatre roues peut occasionner. Or, les fermiers & les rouliers ont les facultés nécessaires pour cette avance, & si le très-grand nombre d'entre eux a préféré les voitures à deux roues, il semble que l'on doive en inférer que c'est parce que leur intérêt a décidé leur choix.

Indépendamment de cette considération générale, je crois pouvoir affirmer qu'il est aussi possible que facile, de faire disparoître le défaut de l'élévation du centre de gravité que l'on remarque avec raison dans les charettes de toutes espèces. Je crois également qu'il y a quelque erreur dans la manière dont Parcieux a interprêté Lahire dans son mémoire inséré dans le recueil de l'Académie des sciences, année 1760, & cité par le Cit. Villantrois. Je commencerai par cet article, & j'essaierai de démontrer que l'application que Parcieux fait d'une théorie mécanique, laisse quelque chose à desirer, & que les chevaux peuvent jouir de l'avantage de l'inclinaison des traits dans les voitures à deux roues, autant que cette disposition seroit un avantage.

Si un homme, en passant une bretelle sur ses épaules, s'efforce d'élever un poids attaché à l'extrêmité d'une corde qui passeroit dans une poulie fixe, & dont une extrêmité seroit nouée à la bretelle, il est évident qu'il cherchera à peser sur la poulie, ou si on l'aime mieux, sur la corde, en jettant en avant le poids de son corps. Il est également évident que plus son corps sera penché, plus il agira avec avantage, vu qu'il allongera le bras de levier qui appartient à la puissance.

Que l'on abaisse, dit Parcieux, deux perpendiculaires du point d'appui, qui est le pied sur lequel l'homme s'élance en se penchant, l'une sur la corde supposée horizontale, l'autre sur la corde inclinée vers le sol, il est encore évident que celle-ci sera plus courte que la première. Or, ces perpendiculaires abaissées sur les cordes, que Parcieux appelle les lignes de direction des forces, sont celles qui expriment le bras de levier de la réſiſtance, qui, par ce raiſonnement, eſt beaucoup moindre par l'action du trait incliné, que par celle du trait parallèle.

Cet auteur ajoute, le bras de levier de la puiſſance augmentera à meſure que le corps de l'homme deſcendra; « car cet homme pourroit tant ſe baiſſer, qu'à la fin ſes » mains toucheroient à terre : ce feroit toujours la même » action, je veux dire celle de la peſanteur; elle feroit » alors beaucoup plus d'effet, & c'eſt-là le cas du cheval. »

D'après Lahire, *la force des chevaux ne dépend pas abſolument de leur peſanteur, mais principalement de leurs muſcles & de la diſpoſition générale de leurs parties, &c.*

D'après Parcieux, les muſcles ne font que porter en avant le poids du corps; mais ce poids ſeul agit pour traîner la voiture, ou pour dire tout en peu de mots, *ce poids fait la traction, le jeu & la force des muſcles en font la continuité.*

« Enfin, dit Parcieux, j'ai voulu m'aſſurer quelle feroit » la hauteur la plus favorable du palonnier pour la marche » du cheval, & je l'ai attelé ou bout du levier d'un » manége de pompe...... Les traits étant inclinés de » 14 à 15 degrés, le cheval alloit avec plus d'ai- » ſance, &c. »

Je ſuis pénétré d'un reſpect ſincère pour les écrits de Parcieux, & d'une reconnoiſſance affectueuſe pour l'inſtruction dont le public lui eſt redevable.

Mais je ne puis me défendre de faire obſerver pluſieurs contradictions ou fauſſes applications des principes dans cet expoſé. Je n'ai pas cru, avec beaucoup de perſonnes, que la corde de *Vera* fût, comme Parcieux l'a dit jadis, *un chapelet infinitaire*, ni qu'il fallut tendre des chaînes en travers des rivières pour empêcher les débâcles. Ces inadvertances, nées de la confiance que devoit lui inſpirer le ſentiment louable de ſes forces, n'atténueront pas la gloire qui lui a été décernée par ſes écrits & par une longue étude de la nature.

En reprenant donc la première hypothèſe, je dirai : 1.° Il eſt très-vrai qu'un homme qui, à l'aide d'une corde & d'une bretelle, traîne ou élève un poids, agira avec autant plus de force, qu'il ſera plus penché en avant; mais il n'eſt pas vrai que le maximum de ſon effort ſera, lorſque ſes mains toucheront à terre : car ſi la poulie dont nous avons parlé ſe trouvoit, dans cette attitude, plus haute que la ligne horizontale de ſon dos, la perpendiculaire de la réſiſtance amenée ſur la corde (en enviſageant avec Parcieux celle-ci comme la ligne des directions des forces) ſeroit alors alongée, vu que la corde s'inclineroit vers l'homme. Ce déchet compenſeroit l'augmentation du bras de levier de la puiſſance; que ſi les mains de l'homme en touchant à terre, peſoient tant ſoit peu ſur le ſol, alors cette portion du poids de ſon corps ſeroit à déduire ſur celle qui élève le poids porté par la corde.

Il eut donc fallu ajouter que le point où la direction de la corde eſt changée, ſera toujours plus bas que la hauteur de l'homme marchant ſur ſes pieds & ſur ſes mains. Ce qui revient effectivement à l'hypothèſe du cheval, vu l'élévation de ſes jambes.

2.° Parcieux néglige, à mon avis, d'établir la différence ſenſible qui exiſte entre une force animée & une force inanimée. Si l'on conſtruit un châſſis qui auroit 64 pouces de hauteur, & que ſon extrêmité inférieure touche à terre, en s'appuyant contre deux piquets ſolidement plantés dans le ſol, en ſorte que le châſſis puiſſe s'abattre ſans gliſſer; ſi l'on diſtribue ſur la hauteur un poids de 150 livres, en ſorte que 90 livres environ ſoient placées ſur les 32 pouces ſupérieurs, & 60 ſur les 32 pouces inférieurs, ce ſquelette informe repréſentera approximativement la diſtribution des maſſes du corps humain. Que l'on attache alors à la hauteur des épaules de ce mannequin, deux bretelles dont les extrêmités ſeront nouées à une petite charette ou à un poids quelconque, diſpoſé à avancer librement ſur un terrain uni, le mannequin & la charette reſteront immobiles, tant que l'action du poids ſur le ſol ſera ſupérieure à celle de l'homme, & à la tendance qu'il a à s'incliner, ayant diſpoſé à cet effet ſon centre de gravité un peu hors de ſa baſe. Si l'on diminue partiellement le poids de la charette, le mannequin commencera à pencher, & tombera enfin en entraînant le poids. Que l'on adapte ces bretelles aux épaules d'un homme qui auroit la même taille, & un poids tant ſoit peu inférieur; cet homme, en quittant ſa ſituation verticale, & en appuyant ſon pied gauche par terre, fera avancer un poids beaucoup plus conſidérable que le mannequin ne l'a fait par ſa chûte; j'ai trouvé par fois cette différence d'un tiers, & par fois du double. Je puis me tromper dans les données, & j'invite les ſavans & les artiſtes à répéter cette expérience. Elle ſemble annoncer que l'apperçu de Lahire eſt vrai dans toute ſon étendue,

&

& que l'extenſion des muſcles contribue avec le poids à l'effort du tirage.

Il faut obſerver qu'il n'eſt pas queſtion ici de mouvement progreſſif, puiſque l'homme n'a pas marché, mais ſeulement de l'effort de ſes muſcles, combiné avec celui de ſa peſanteur.

L'on voit auſſi que la jambe gauche que l'homme porte en avant, ſert non-ſeulement à empêcher la chûte du corps, mais qu'elle lui offre en quelque ſorte un point d'appui, pour faire jouer avec plus de ſuccès les muſcles des hanches. Elle n'eſt donc pas là *machinalement*, comme Parcieux le ſuppoſe.

Lorſque Lahire a meſuré l'effort du jarret d'un homme qui étant à genoux, ſe relève chargé d'un poids, il ne pouvoit pas douter que *le ſeul effort des muſcles* ne puiſſe vaincre de grandes réſiſtances.

Il n'eſt pas d'homme qui, par la ſeule extenſion du bras, ne puiſſe produire une impulſion ſenſible, & il en eſt qui en produiſent de très-fortes ſans s'aider du poids de leur corps. Valliſnieri, Lhaller & Vicq-d'Azir ſemblent attribuer cette faculté au renflement de la partie poulpeuſe des muſcles dans ceux-là ſur-tout qui ont une forme lozangique; cette contraction rapproche les attaches aponévrotiques, & leur débandement anime le jeu des leviers du corps humain. Telle que cette théorie puiſſe être, l'effet eſt réel, & il doit être ſenſible, lorſqu'il eſt queſtion de vaincre l'inertie des maſſes inanimées; il doit aider l'action du poids lorſque la direction de l'extenſion des mufcles eft oppofée à celle par laquelle on veut agir fur le corps inerte.

« Si l'on veut fe repréfenter, dit Parcieux (ibid. p. 269), » pour un moment, un cheval fans pefanteur avec des » mufcles auffi forts que l'on voudra les fuppofer, il ne » fera capable d'aucune traction; les mufcles agiffant comme » des refforts qui tendroient à fe redreffer, la partie fupé- » rieure du cheval s'élèveroit en quittant terre. »

Si l'effet devoit avoir lieu ainfi, il faudroit fuppofer que les détentes de tous les mufcles du cheval, euffent une direction du bas en haut, ce qui n'eft pas. L'effort très-grand du cheval dans le jarret, fe fait dans une direction très-inclinée à l'horizon, lorfqu'il s'appuie fur les jambes poftérieures, pour donner le coup de collier, les mufcles de l'avant-bras des hanches & des cuiffes fe détendent dans le même fens & rapidement pour produire cette fecouffe. Elle eft l'aggrégation des petites extenfions de chaque phalange myologique, qui par fa vivacité non-feulement aide le tranfport du poids du corps, mais qui furmonte également l'inertie du poids poftérieur, & l'entraîne hors des obftacles qui font plus bas que la direction de la puiffance. Cette force eft intrinfèque & réelle. On a vu des machines que la chûte des plus gros poids ne pouvoit pas faire jouer, & que la moindre action d'une puiffance animale mettoit en mouvement (*); tous les mécaniciens mentionnent cette différence. Je me bornerai à la citation de Bézout. (T. IV, p. 245, §. 612.)

(*) Un moulin pour différentes opérations de bonneterie, à Nifmes.

« Une autre remarque, qu'il eſt à propos de faire ici, » c'eſt qu'il eſt impoſſible de mettre en équilibre un poids » animé de ſa ſeule peſanteur, avec un poids & une maſſe » animée d'une vîteſſe finie; la raiſon en eſt la même » que celle que nous avons expoſé (359), &c. »

3.° Si l'application de la théorie des perpendiculaires abaiſſées ſur la direction des forces, eût été exacte, il étoit ſuperflu de faire des expériences ultérieures, pour trouver la meilleure inclinaiſon du tirage. Parcieux auroit pu ſe convaincre que dans les chevaux d'une moyenne taille, ſous un angle de 20° 32′ 0″, la perpendiculaire PF (fig. 3.), qui appartient à la réſiſtance, feroit diminuée de moitié, comparativement à la perpendiculaire PM, abaiſſée ſur un trait horizontal (*), & qu'en indiquant ainſi approximativement l'angle d'inclinaiſon des traits, on auroit gagné la moitié de la force. J'ai dit approximativement, car ces dimenſions peuvent varier ſelon la taille des chevaux. On commence à appercevoir une contradiction dans l'expoſé de Parcieux, & par ſuite, une conſéquence contraire à l'expérience.

(*) Le citoyen Villantrois refuſe avec raiſon de croire ſur parole quelques aſſertions de détail, que j'avois haſardées dans les mémoires précédens. Je ſuis donc forcé à produire ici la démonſtration de ce que je viens d'atteſter, relativement à la meſure des bras de levier dont il s'agit.

A M (fig. 3), meſurée ſur un cheval de 4 pieds 10 pouces, eſt de 54 pouces 9 lig.; M P eſt de 3 pieds 8 pouces. D'après ces données, je traduis en lignes les dimenſions, & je fais la

Car si la situation du trait exprime la direction des forces, & que ce soit ici le cas d'y appliquer la théorie en question, il seroit absurde de borner l'angle d'inclinaison à 14 ou 15 degrés; il falloit insinuer, en se refusant même à la fixation de l'angle annoncée ci-dessus, que le trait devoit être le plus incliné que faire se peut,

---

proportion suivante : A M (657), M P (528) :: R (1) : Tang. M A P. L'angle M A P étant connu, je fais celle-ci :

Sin. M A P : M P (528) :: R (1) : A P.

A P étant connue, je fais cette autre :

A P : R :: P F (264) : sin. P A F.

Log. R + L. 528	12,7226339
Log. 657	2,8175654
Dif. = Log. tang. M A P	9,9050685

Ang. M A P = 38.° 47′ 10″.

Log. R + L. 528	12,7226339
Log. sin. 38.° 47′ 10″	9,7968621
Dif. Log. A P	2,9257718

A P = 842, 89.

Log. R + L. 264	12,4216039
Log. 842, 89	2,9257718
Dif. Log. sin. P A F	9,4958321

Ang. P A F = 18.° 15′ 10″; donc en le soustrayant de M A P, on aura M A F = 20.° 32′ 0″.

ſans avoir égard à la hauteur des roues. — Pourquoi donc Parcieux dit-il (page 272), « qu'en montrant l'avantage du » trait incliné, il eſt éloigné de vouloir inſinuer de diminuer » les roues du devant des caroſſes & chariots, & qu'il y » a pluſieurs bonnes raiſons en faveur des grandes roues ? » &c. . . . . .

Si la direction des traits détermine la perpendiculaire qui exprime la réſiſtance, toutes les diſpoſitions de la voiture doivent ſe prêter à faire valoir cette théorie, ou ſa dernière obſervation, ainſi que l'expérience qui fixe à 14 degrés l'inclinaiſon des traits, ſont dans une contradiction évidente avec le principe qu'il invoque.

On croit que le cheval ſur lequel on a raiſonné dans la dernière note, pèſe 700 livres environ. Si on prend la diſtance du palonnier à la croupe = 54 pouces 9 lignes, nous placerons ſon centre de gravité à 30 pouces du point M, vu le poids de l'avant-main. Nous ſuppoſerons que ce centre de gravité ſoit encore avancé de 10 pouces, lorſqu'il ſe jette ſur le poitrail du harnois, pour traîner un fardeau; nous ſuppoſerons enfin que les $\frac{3}{4}$ de ſon poids agiſſent pour entraîner la voiture, & que le reſte pèſe ſur les jambes antérieures. Comme dans les *camions* qui font le tranſport d'un magaſin à l'autre, dans l'intérieur de Paris, l'angle d'inclinaiſon des traits ou des limons excède 36.°, nous fixerons la perpendiculaire abaiſſée du pied poſtérieur du cheval ſur les traits ou les limons, à 15 pouces. On voit que, par ces hypothèſes, qui ſe rapprochent beaucoup de l'expérience, ſi l'on n'avoit égard qu'à la différence des perpendiculaires, on évalueroit l'action du cheval en diſant :

$$\frac{700}{\frac{4}{3}} = 525 \times \frac{40}{15} = 1400,$$

au lieu de 180 que l'on a coutume de lui attribuer pour valeur de sa force continue.

Mais si l'on veut s'éloigner de toute application à un effet connu, & généraliser cet apperçu, on trouveroit également des imaginaires, ou des conséquences contradictoires dans une autre hypothèse.

Supposons que derrière le pied P du cheval (fig. 3), le sol soit incliné, & que le poids E soit traîné par le trait A B, il est évident que la perpendiculaire abaissée sur cette direction, sera P B, c'est-à-dire, de la moindre étendue possible. Cette situation seroit donc celle où le cheval ne feroit presque aucun effort, ou un effort beaucoup moindre que si le plan étoit horizontal, ce qui est absurde.

Lorsqu'une théorie est en contradiction avec une autre, l'erreur n'est pas dans le principe qui les motive, mais bien dans son application. Or ce qui a trompé Parcieux est l'oubli d'adapter son raisonnement à la marche & à la disposition d'une voiture à quatre roues. Il eût reconnu infailliblement alors, que ce qu'il appelle la direction des forces, étoit non-seulement déterminée par l'inclinaison des traits, mais aussi par l'élévation & la distance du centre de gravité de la masse, qui est placé très-désavantageusement dans les voitures avec avant-train, eu égard à l'attache des traits. Pour expliquer mieux ceci, supposons le bloc A B (fig. 4), dont le centre de gravité soit en C, si la puissance D le traîne dans la direction C D, sa marche sera parallèle au sol; si la puissance P prend la direction P p' en avant du centre de gravité, elle tendra à foulever le bloc ; fi elle prend la direction P p'' derrière le centre de gravité, elle tendra à le faire culbuter. Si le pied du cheval eft en G, GH fera, felon Parcieux, la perpendiculaire abaiffée fur la direction des forces. Suppofons maintenant la maffe du bloc B A augmentée, en confervant la même quantité du poids, en forte qu'elle fe trouve figurée par la furface E F. Le centre de gravité fera alors tranfporté en C$'$, & la même direction P p'' qui tendoit à le faire culbuter, pourra le traîner en tendant toutefois à le foulever.

Le moment de l'effort qu'elle fera pour le foulever, fera différent en p' ou en p'' ; il variera encore felon l'élévation de ces points. Enfin, la direction CP parallèle au fol, fera la feule qui évitera à la puiffance l'action d'une portion du poids, foit qu'elle tende à l'enlever ou à le faire culbuter ; elle n'aura que l'inertie & le frottement du fol à vaincre.

Ce principe eft évident. Lorfqu'on voudra donc chercher la fituation la plus avantageufe de la puiffance, il ne faudra pas l'envifager, pour ainfi dire, ifolée de la maffe qu'elle traîne, mais avoir égard, avant toutes chofes, à la fituation du centre de gravité, relativement à l'attache des traits, & l'on appercevra alors que le tirage horizontal, ou très-peu incliné, eft le plus favorable.

Je dis *très-peu incliné*, car la fituation des traits ne doit pas être dans une horizontalité parfaite. Le cheval, en abaiffant fon poitrail plus ou moins, felon fa taille, la force des mufcles & la hauteur des obftacles, inclineroit les traits dans une direction oppofée, c'eft-à-dire, du haut en bas. Dans cette attitude, il feroit enlevé, & en perdant de fon poids, il feroit accablé par le penchement de la maffe qu'il traîne. Il faut donc que les traits foient affez inclinés vers le fol, pour que, dans la plus forte action du cheval, ils fe trouvent horizontaux, lorfque fon corps a defcendu vers le fol. L'angle qui déterminera cette inclinaifon fera très-foible; il variera felon la hauteur du poitrail, & la qualité du chemin à parcourir.

Notre apperçu eft parfaitement conforme à celui du citoyen Prony, & nous avons été grandement étonnés de trouver fon autorité accollée à celle de Parcieux, dans la page 16 du Mémoire du citoyen Villantrois.

« Nous partirons de ce principe, dit ce citoyen, que » la fituation des traits la plus avantageufe pour le tirage » n'eft pas que le point d'attache des traits à la voiture » foit à la hauteur du poitrail du cheval, lorfqu'il eft » arrêté mais qu'il doit être plus bas. Pour la démonf- » tration de ce principe, nous renvoyons aux Mémoires » de l'Académie des Sciences, année 1760, où l'on en » trouve un de M. Parcieux qui ne laiffe rien à defirer. » S'il falloit accumuler les autorités, nous citerions l'ar- » chitecture hydraulique de Prony (1.re part. p. 543), » où ce même principe eft adopté, &c. » Et plus bas, après avoir dit que l'angle doit être de 14 ou 15 degrés, il ajoute : « D'après ce qui eft dit dans l'architecture » hydraulique de Prony, cet angle femble un peu trop » ouvert. (Il faut pourtant obferver que cet auteur » n'oppofe qu'une fimple affertion au raifonnement de » l'autre), &c. » Un tel reproche ne paroît pas fondé; car fi le citoyen Villantrois avoit encore tourné la page, il il eût trouvé l'opinion du citoyen Prony ainsi motivée : « Il est nécessaire que les traits soient disposés de manière » à s'éloigner davantage de l'horisontale que la ligne du » tirage, lorsque le cheval ne fait point d'effort, & que » ses jambes sont dans la situation verticale : en effet le » poitrail du cheval s'abaissant pendant le tirage, l'ex- » trêmité antérieure des traits s'abaisse d'autant, & ils ne » peuvent, dans ce dernier état, être parallèles au plan » qui porte la voiture, qu'autant qu'ils auroient été pri- » mitivement inclinés à ce plan, &c. »

Le même auteur cite l'action du poids du cheval, comme un élément qui influe puissamment sur le tirage. Mais il n'a garde d'enseigner, dans aucun endroit, que l'action des muscles, ou pour mieux dire, leur extension vive & instantanée ne contribue pas à la fixation du moment de l'effort. Cette action dépend de l'énergie de leur contraction & de l'habitude; elle établit une grande différence entre plusieurs résultats qui devroient pourtant être à-peu-près égaux, si sa seule pesanteur agissoit dans une telle hypothèse. Le citoyen Prony fait remarquer, à cet effet, qu'une des phrases du calcul, relative à la fixation du moment statique, varie d'après plusieurs auteurs. « Daniel » Bernouilly a trouvé que le produit sur lequel l'auteur a » raisonné, équivaloit aux $\frac{3}{4}$ d'un pied cube d'eau; d'autres » l'évaluent à 50 ou 60 livres, M. Desaguilliers le porte » à 100 livres, tandis que M. Amontons n'a trouvé que » 37 $\frac{1}{2}$ livres (*). »

(*) « Nos formules, dit M. Lambert, de l'Académie de » Berlin, font voir que toutes ces évaluations peuvent avoir

BnF ARS

Je dirai enfin à l'appui de ce que je viens d'obſerver ci-deſſus, que l'autorité du citoyen Prony n'eſt pas, à beaucoup près, favorable au citoyen Villantrois. On lit effectivement dans l'ouvrage précité, au paragraphe 1300, « que la meilleure diſpoſition des traits, pendant que » le temps de l'effort du tirage a lieu, eſt d'être parallèle » au plan ſur lequel ſe fait le tirage, ou d'avoir la même » inclinaiſon que le chemin ſur lequel roule la voiture. » Il eſt néceſſaire, à cet effet, que les traits ſoient primitivement tant ſoit peu inclinés, ainſi que nous l'avons obſervé.

Le cit. V. conclut de cette obſervation, que Parcieux & Prony « ne diffèrent que du plus au moins. » Il ſe trompe; car ils diffèrent du tout au tout dans la cauſe en queſtion. — Le but de l'auteur du mémoire eſt celui de prouver que l'inclinaiſon des traits ſous un angle ſenſible, étant la principale conſidération de l'effort du tirage, & qu'une telle inclinaiſon ne pouvant pas être adoptée, ſans des inconvéniens graves, aux voitures à deux roues, celles à quatre roues qui ſont ſuſceptibles de cette diſpoſition,

---

» lieu; mais c'eſt préciſément la raiſon pourquoi on ne peut » s'en tenir à aucune. Il faut abſolument avoir égard tant à la » force des gens que l'on emploie, qu'à la manière dont on les » emploie. Dans les cas particuliers c'eſt le poids P de l'ouvrier » & l'effort Q qu'il faut commencer à déterminer, &c... J'ai » vu des hommes tirant des bateaux avec un effort avec lequel » ils leveroient de terre un poids de 300 livres & au-delà.... » Ainſi font ce des gens très-exercés qui ſavent bien prendre » leurs meſures! »

offrent une ſupériorité abſolue; or, il faut remarquer, 1.° que la théorie de Parcieux amène à la plus grande ouverture poſſible de l'angle, afin de diminuer, autant que faire ſe peut, la perpendiculaire de la réſiſtance (*); celle du Cit. Prony admet la moindre ouverture poſſible; car il eſt utile d'obſerver que l'inclinaiſon néceſſaire à l'affaiſſement du cheval dans le tirage, n'eſt pas de 4 ou 5°; 2.° que le motif de Parcieux, pour preſcrire l'inclinaiſon des traits, eſt l'avantage de raccourcir la perpendiculaire de la réſiſtance; que celui de Prony eſt eſſentiellement de maintenir l'horizontalité dans le tirage; 3.° que, d'après Parcieux, on ne peut incliner les traits, même à l'angle de 15°, dans les voitures à deux roues, ſans inconvéniens; & d'après le Cit. Prony, on peut adopter cette foible inclinaiſon aux voitures à deux roues, car ſi elle tend à jetter le poids en arrière, il ſuffira d'augmenter l'ados, pour ramener l'équilibre; or cette augmentation eſt favorable au tirage (Arch. hydr. §. 1249 & ſuiv.); 4.° que la différence de 11 ou 12 degrés ſur 15, en bornant même l'angle d'inclinaiſon, exprime une idée autre que celle que l'on entend par la phraſe *du plus au moins*; 5.° que cette différence étant motivée par d'autres conſidérations, on peut affirmer, ſans flatter le Cit. Prony, que ſi l'inclinaiſon des traits étoit dictée par la néceſſité de raccourcir

(*) Parcieux a voulu éluder cette objection, en bornant ſon angle; mais il n'eſt pas moins vrai que d'après la conſtruction de ſon théorême, la plus grande inclinaiſon des traits ſeroit la plus favorable, ainſi que nous l'avons déja obſervé.

la perpendiculaire de la résistance, cette observation importante ne lui eût pas échappé.

On pourroit donc résumer nos observations, en disant :

1.° Que l'aphorisme de Lahire, qui admet l'action des muscles autant que celle du poids de l'animal dans le tirage, semble plus exact, que celui qui attribue au poids seul les effets produits dans cette hypothèse.

2.° Que dans la quantité même qui peut être attribuée à l'action du poids, telle qu'elle puisse être, la mesure de la résistance déterminée par la perpendiculaire abaissée sur la direction des traits, amène des conséquences absurdes.

3.° Que la situation du centre de gravité de la masse à traîner, influe puissamment dans cette évaluation ; ce qui paroît avoir été totalement négligé dans la théorie de Parcieux.

Mais concédons momentanément que les choses soient telles que Parcieux les suppose, & que le Cit. Villantrois les desire, c'est-à-dire, que l'inclinaison des traits à 15° soit la plus favorable au tirage, je dis encore que l'on a affirmé mal-à-propos que cette disposition n'étoit pas applicable au systême des voitures à deux roues.

Parcieux dit que si l'on essayoit de disposer le tirage des voitures à deux roues aussi bas que celui des voitures à quatre, on ne pourroit y parvenir sans inconvénient ; « car ce qu'on pourroit mettre au-dessous des limons & » de l'essieu pour y attacher les traits, formeroit un bras » de levier au bas duquel agiroit la force du cheval, qui » tendroit à faire renverser la charette en arrière, & à

» mettre le limonier hors de force en plaine, & dans les
» montées, sans le soulager dans les descentes. »

Si, d'après l'hypothèse de Parcieux, le cheval agit exclusivement par son poids, c'est une disposition favorable par excellence, celle qui nécessite l'augmentation de l'*ados*, ou de l'excès du poids qui fait pencher la partie antérieure de la voiture. Cette conséquence est bornée par la fatigue du cheval, mais elle n'en est pas moins évidente. Or, si l'on place dessous le lisoir ou traverse qui assemble les brancards d'une voiture à deux roues, des *échantignoles* ou prismes quelconques, qui baissent les palonniers jusqu'à l'inclinaison demandée, il est infaillible que la hauteur de l'échantignole mesurera le bras de levier de la puissance qui s'efforcera de verser la voiture en arrière. Mais comme ce bras est déterminé par les sinus des angles d'incidence, il sera nul dans les terrains parfaitement horizontaux; il sera plus ou moins puissant, selon les inégalités du sol. — Pour compenser ces penchemens, il sera facile de charger l'*ados* de la voiture autant qu'il est besoin, & plus ou moins, selon la nature du terrain que l'on doit parcourir. Une pratique journalière enseigne la mesure de cette méthode aux charetiers & aux porte-faix. On pourra donc baisser le point d'attache des palonniers, en chargeant proportionnellement la voiture sur sa partie antérieure.

Que si cette méthode répugne aux théoriciens, il en est une autre aussi simple.

Si l'on attache dessous l'essieu une équerre saillante, qui soit le sinus de l'angle demandé, on accrochera un palonnier à cette tige, & en allongeant les traits qui paſſent ſous les brancards ou limons, & qui ſont noués au poitrail du cheval (*), l'on obtiendra le double avantage d'allonger les traits (**), & de les incliner autant que l'on croit devoir le faire. Cette tige tendra à enlever la partie antérieure de la voiture; mais comme le bras de levier de la réſiſtance qui appartient à cette demi-longueur, eſt fort étendu, comparativement à la longueur de la tige ſur laquelle la puiſſance agit, il eſt évident que le plus grand effort d'un cheval, pour ſoulever les limons, ſera nul, ſur-tout lorſque la voiture eſt chargée.

Tel regret que nous ayons d'emprunter un accent ſévère pour combattre la doctrine d'un homme célèbre à juſte titre, nous ſommes forcés de conclure que la démonſtration de Parcieux ne peut pas ſervir de baſe aux objections du Cit. Villantrois, & que les conſéquences qui s'écoulent de ce qu'il appelle un principe, ſont également erronées.

(*) Les charetiers ſe contentent d'attacher un bout de chaîne aux limons; les traits inférieurs ſemblables à ceux que l'on place ſous les brancards des cabriolets & des chaiſes de poſte, ſeroient préférables.

(**) La longueur des traits du limonier, même dans la direction horizontale, aide la puiſſance; elle nuit à celui-ci, lorſque les traits longs étant adaptés aux chevaux antérieurs, la voiture paſſe d'un plan incliné à un plan horizontal; mais cette hypothèſe n'a aucun rapport aux traits que nous ſuppoſons adaptés au limonier. Je dois au citoyen Lagrange cette obſervation, que les ſpirales des traits faiſant la fonction de pluſieurs petits reſſorts, ils briſent mieux les irrégularités du mouvement de la voiture, & que la puiſſance qui tire en eſt plus ſoulagée.

Que si l'horizontalité des traits du cheval en marche, offroit la situation la plus avantageuse, les voitures à deux roues jouiroient à cet égard d'une supériorité évidente.

On ne sauroit, sans passer de justes bornes, ajouter d'autres observations qui se présentent sur la disposition des harnois. Nous les omettrons pour parler des roues; de cette machine simple & ingénieuse, dont l'utilité commande notre attention.

J'AI réfuté ailleurs cet argument trivial, plus adroit que redoutable, « Que le genre humain n'a pas attendu » un seul homme pour mieux faire, « que si cela valoit » mieux, on l'eût adopté, &c. » Un lecteur judicieux appréciera la valeur des objections de cette nature. Les grandes roues, les jantes larges ne sont pas une invention; je n'ai pu dire jamais qu'elles le fussent. Mais nous appercevrons tantôt les moyens de parer aux inconvéniens qui ont pu retarder leur adoption, ou la borner au moins à certains besoins, & à quelques pays.

Le Cit. Villantrois se donne beaucoup de mal pour démontrer « que l'on ne peut, sans inconvéniens, élever » les roues d'une manière illimitée. » Ses efforts étoient inutiles. Le raisonnement algébrique qu'il amène pour prouver son assertion est surabondant & *fautif*. Nous rejetterons dans une note la preuve de cette vérité (*).

(*) « Soit (*dit le Cit. V.*) une roue prête à marcher, dont » le poids soit P, le rayon r; supposons que si elle étoit suspendue

L'hypothèſe ſur laquelle il a conſtruit ſon raiſonnement, eſt également fauſſe dans la pratique.

J'obſerve, en premier lieu, que je n'ai inſinué dans aucun des écrits qui ont paru ſur cette matière, qu'il fallût augmenter le diamètre des roues d'une manière illimitée.

» par un point quelconque de ſa circonférence, autour duquel » elle oſcillât, g ſeroit la diſtance de ſon centre d'oſcillation à » ce point. Le moment d'inertie de cette roue, ou la réſiſ- » tance qu'elle oppoſeroit à une puiſſance qui, appliquée à ſon » centre (*de figure*), voudroit la faire marcher en tournant autour » d'un point qui touche à terre, ſeroit, en ſuppoſant que v » repréſentât la vîteſſe avec laquelle ſon moyeu tend à ſe mou- » voir, $= \frac{v}{r} P g r$, ou $v P g$. Pour une autre roue, dont les » dimenſions ſeroient proportionnelles, & dont le moyeu tendroit » à ſe mouvoir avec la même vîteſſe, on auroit $v P' g'$; les » momens d'inertie de ces deux roues ſeroient donc entre eux, » $:: v P g : v P' g'$. »

Telle eſt la proportion indiquée par le citoyen Villantrois.

Déſignons donc par φ la force deſtinée à vaincre l'inertie de la roue, dont le rayon eſt r, le moment de cette force ſera $\varphi . r$. Nommons φ' la force deſtinée à vaincre, l'inertie de la roue dont le rayon eſt r'; le moment de cette force ſera $\varphi' . r'$, nous aurons donc $\varphi r : \varphi' r' :: v P g : v P' g'$.

Suppoſons, pour un moment, avec le citoyen Villantrois, les vîteſſes égales, les roues des corps ſemblables, & les centres d'oſcillation coïncidant avec les centres de figure des roues, nous aurons $\varphi\, r : \varphi'\, r' :: r^4 : r'^4$; en diviſant les antécédens par r, & les conſéquens par r', nous aurons $\varphi . \varphi' :: r^3 : r'^3$ & non pas $:: r^4 : r'^4$ (ſuivant le citoyen V.). Cette dernière proportion peut être écrite ainſi $\varphi\, d t . \varphi' d t :: r^3 : r'^3$ ($d t$ exprime ici un inſtant). Soit $\varphi' = n \varphi$, nous aurons $\varphi\, d t . \varphi . n\, d t$

C'étoit

C'étoit donc le plaisir de combattre un phantôme qui a amené cette espèce de réfutation. — J'ai prouvé *par le fait*, que l'adoption des grandes roues devoit être bornée à certains besoins, puisque j'ai fait construire plusieurs affûts & caissons, de 16, de 8 & de 4, sans avant-train, & portés sur des roues basses.

$:: r^3 : r'^3$. Soit $r = 1$, & $r' = 2$; alors $\varphi\, dt : \varphi\,.\, n\, dt :: 1 : 8$, d'où l'on tire $n = 8$. C'est-à-dire, que s'il faut un instant dt à une force φ, pour vaincre l'inertie d'une roue dont le rayon est r, il faudra huit de ces mêmes instans dt à la même force φ pour vaincre l'inertie d'une autre roue dont le rayon seroit $2\,r$, & dont les autres dimensions seroient doubles de celles de la première.

Comment le Cit. V., après avoir dit : « Les momens d'inertie » de ces deux roues seront donc entre eux $:: v\,P\,g : v\,P'\,g'$ » $:: P'g : P'g' :: r^3 \times r : r'^3 \times r' :: r^4 : r'^4 :: 1 : 16$, en supposant » $r = 1$ & $r' = 2$ » ; comment, dis-je, peut-il ajouter ce qui suit, « c'est-à-dire, que de deux roues dont toutes les dimensions » seroient doubles de celles de l'autre, la première consommeroit » dans la puissance, un effort 16 fois plus grand que l'autre ? » C'est *le moment* de l'effort de la puissance qui est 16 fois plus grand, & non pas *l'effort*, qui n'est que 8 fois aussi grand dans la roue à dimensions doubles, que dans celle à dimensions simples ; encore la totalité de cette différence n'a lieu que dans le premier instant du mouvement, &c.

Le Cit. Villantrois déclare qu'il veut éviter tout appareil scientifique, & il fait osciller une roue à la manière des pendules ! Est-ce pour avoir occasion de faire figurer dans son calcul, la distance g du centre d'oscillation au point de suspension, & la faire disparoître en dernière analyse, en substituant adroitement le rayon r de la roue, à la place de cette distance g ? Ce seroit peut-être ici l'occasion de rétorquer l'expression des *tours de passe-*

Le Cit. V. a assimilé, par les conditions de son théorême, les roues aux sections horizontales des cylindres. L'habitude des constructions lui apprendra qu'il s'écarte des dimensions que la pratique enseigne. Le rayon d'une roue de 8 pieds est double en longueur de celui d'une roue de 4 pieds; mais il n'est pas double, à beaucoup près, en épaisseur; le moyeu n'est pas double, ni en diamètre, ni en longueur; il en est de même de la jante, du bandage, &c. On ne peut donc pas supposer que le poids augmente dans la proportion des dimensions des roues (*); ou, ce qui revient à la même expression, « que

---

passe dont le Cit. Villantrois a fait usage, si elle pouvoit convenir au style qui nous est familier.

Il y auroit eu, sans doute, un trop grand appareil scientifique dans cette manière de raisonner. Les forces sont comme les quantités de mouvement qui en sont les effets; à vîtesses égales, ces quantités de mouvement sont comme les masses à mouvoir; les masses sont comme les poids; donc les forces qui impriment une même vîtesse à deux corps, sont entre elles comme les poids de ces corps. Désignons donc $P\ P'$ les poids de deux roues dont les rayons soient $r\ r'$, les forces appliquées à les faire tourner autour du point qui touche à terre, seront entre elles comme $P : P'$, & leurs momens seront entre eux :: $P\,r : P'\,r'$. Car voilà à quoi se réduit tout ceci, en admettant toujours la fausse hypothèse, qu'une roue qui a un diamètre double, doive avoir toutes ses dimensions doubles.

(*) Il est possible que des roues de 8 pieds *à jantes larges* aient un poids double de celui des roues de 4 pieds; mais l'on voit que la condition des jantes larges change l'aspect de la question. Si les roues de 4 pieds avoient aussi des jantes larges, tout rentreroit alors dans les données de l'hypothèse.

» *toutes* les dimensions d'une roue soient doubles de celles » d'une autre » , ainsi qu'il est dit dans la note en question.

Il est enfin une observation qui lui eût épargné la peine de rédiger sa note. C'est qu'il n'est pas question, dans cette recherche, de mesurer l'action du rayon pour vaincre seulement l'inertie des roues, mais de profiter de son étendue pour transporter le poids dont la voiture est chargée.

L'inertie de deux corps roulans sera octuple sur des dimensions doubles..... Le premier instant de l'impulsion sera celui qui influera plus puissamment dans le moment de la résistance..... Mais cette inertie est peu de chose; on voit journellement des enfans rouler avec vélocité sur le pavé, deux roues dont le poids surpasse celui de leur corps; on voit des apprentifs pousser à la course une roue de cinq pieds, en frappant par intervalle son moyeu; & j'ai vu sans étonnement deux ouvriers qui faisoient marcher rapidement une des roues qui ont servi au transport des groupes de *Coustou*. Cette roue a 10 pieds de diamètre, & une jante dont la largeur est de 12 pouces, ferrée d'un bandage épais.

Je conclus de ce raisonnement, que l'augmentation de l'effort nécessaire à vaincre l'inertie d'une roue double dans les dimensions, cet effort étant même élevé à l'appréciation que le Cit. Villantrois en a fait, ne compense pas, à beaucoup près, l'avantage qui résulte du bras de levier de la roue, pour surmonter les obstacles isolés ou continus, & satisfaire à la fonction principale qui lui est attribuée. — Les anciens ont construit des roues pleines,

& si le fil du bois a été présenté dans toute sa force, ils ont eu raison dans plusieurs cas.

Cet exposé n'amène pas à établir une augmentation illimitée du diamètre des roues. La hauteur des portes des villes de guerre suffit pour le borner, tel avantage que l'on y eût trouvé d'ailleurs; mais comme en plaçant même la totalité de la charge sous l'essieu (ainsi que je l'ai fait dans les fardiers), le poids de celui-ci, & le demi-cercle supérieur de la roue charge le cheval du limon, il est évident que cette considération doit se joindre à la précédente, pour restraindre à des dimensions admissibles dans la pratique, la hauteur du rayon de la roue. D'autres motifs, dont nous aurons lieu de parler, détermineront le choix du constructeur.

Dans les circonstances où l'emploi des grandes roues n'entraîne aucun inconvénient, cette méthode est nécessaire, parce qu'elle est utile. Mais l'avantage qu'elle procure ne se borne pas à fournir un plus grand diviseur à la résistance; elle en offre d'autres également précieux. Le premier, & le plus important de tous, est celui de procurer la faculté de baisser le centre de gravité, en disposant, autant que faire se peut, la charge sous l'essieu. Le second est celui d'allonger l'arc d'immersion de la roue dans le sol. Par un tel moyen, les ornières sont moins profondes, & les obstacles à surmonter sont abordés par un plan plus incliné, ce qui diminue leur influence pour l'augmentation de la résistance à vaincre; enfin toutes les parties de la voiture avancent avec un mouvement plus doux. J'ose rappeler ici l'expérience que j'ai fait de la bonté de ce principe, dans le transport des groupes de

Couſtou. Les grandes roues & les jantes larges dont j'ai fait uſage ont ſervi non-ſeulement à menager une grande facilité à la puiſſance qui traînoit, mais également à briſer les cahots, & à concourir, avec le ſyſtême de la ſuſpenſion, à la conſervation d'un monument peſant & fragile.

Mais le Cit. V. n'aime pas mieux les grandes roues que les jantes larges; il reproche à celles-ci, 1.° « d'augmenter l'inertie des roues; 2.° de ſe charger de *boue*, » vu que les jantes larges à la bande le ſont auſſi au- » dedans. »

Nous avons déja remarqué que l'inertie des roues étoit une foible conſidération dans le calcul du tirage, à moins que la largeur des jantes ne fût augmentée exceſſivement, comme dans les voitures de commerce d'Angleterre. La plus grande valeur de l'inertie eſt dans le premier inſtant de l'action; autrement une roue de 8 pieds, dont la jante ferrée auroit 6 pouces de largeur, ne pèſe que 250 livres environ plus qu'une pareille roue dont la jante ſeroit de 3 pouces, en comprenant le bandage dans cette évaluation. Or, ſi l'on multiplie ce poids par le rayon de la ſection moyenne de la fuſée = 2, & que le réſultat ſoit diviſé par le rayon de la roue, &c. En faiſant uſage de la formule donnée ci-deſſus, on appercevra que le cheval ne ſeroit affecté en plus que de 13 $\frac{1}{2}$ livres à-peu-près, pour le frottement des boîtes, & la réſiſtance à vaincre pour franchir les irrégularités du ſol. Mais ce foible ſurcroît d'effort eſt compenſé avec avantage par un moindre enfoncement, par la diminution du cahot & de la fréquence des mouvemens obliques ou latéraux.

Les jantes larges à la bande ne le ſont pas au-dedans.

La bonne conſtruction exige qu'elles ſoient démaigries, en déterminant la coupe de leur ſurface intérieure, par la forme d'un priſme triangulaire très-arrondi ſur l'angle ſupérieur. La face latérale de la jante eſt inclinée par ce moyen, autant pour alléger la machine, que pour éviter l'inconvénient que le Cit. V. croit inhérent à cette méthode. Cet inconvénient n'eſt pas d'ailleurs très-alarmant : la *boue* tenace s'échappe par la tangente, ſur-tout dans la rotation rapide ; la *boue* liquide ne s'attache pas ; & le peu de *boue* qui adhère aux roues, s'arrête ſur les ſurfaces latérales de la jante, & non pas ſur ſa largeur horizontale entre les rais, d'où elle eſt continuellement ſollicitée à deſcendre par le mouvement de la voiture, & les reſſauts excités par l'irrégularité du terrain.

Il eſt certain que ſi la largeur des jantes des roues baſſes étoit augmentée ſenſiblement, & que ce ſyſtème fût adapté aux voitures à quatre roues, il deviendroit lourd & coûteux, ſans avoir égard à un petit nombre de cas où il pourroit être utile. — Notre raiſonnement ſe borne donc à ſuppoſer les jantes larges adaptées aux grandes roues, & aux voitures ſans avant-train.

Mais pourquoi, ajoute le Cit. Villantrois, l'adoption des jantes larges a-t-elle été rejetée par les praticiens, malgré les ordonnances que pluſieurs gouvernemens ont rendu à ce ſujet ?

Les réponſes à cette remarque ſont nombreuſes ; je choiſirai celles qui me ſemblent plus ſaillantes.

1.° Les ordonnances qui ont été rendues prouvent la bonté de ce ſyſtême. Aucune ordonnance n'a preſcrit les voitures à quatre roues (*). L'inexécution des arrêts, lois, réglemens, &c. en faveur des jantes larges, prouveroit peut-être que l'ignorance & l'habitude sont plus fortes que le pouvoir. — Pourquoi l'adoption du calcul décimal trouve-t-elle de la résistance dans l'opinion de certaines gens? Pourquoi l'unité des mesures, qui a excité la sollicitude des législateurs de toutes les nations, qui a été desirée dans tous les temps & par tous les peuples, est-elle combattue aujourd'hui par l'insouciance des uns, & par la méchanceté des autres? Pourquoi une foule de lois & de réglemens bienfaisans sont-ils ignorés ou négligés? C'est parce que l'homme est de tous les animaux celui à qui il est plus difficile de faire du bien.

2.° Mais c'est de son bien dont il est question ici, me dira-t-on; pourquoi les rouliers n'ont-ils pas employé des jantes larges, si elles sont utiles? — Il est incontestable que les jantes larges prolongeroient la durée des roues, & fatigueroient moins les chevaux. Mais cet avantage n'est sensible qu'après un certain laps de temps, tandis que l'augmentation de la dépense que nécessite un large bandage est instantanée. Le débourssé du moment effraie l'homme avide & ignorant; l'espoir d'un avantage éloigné ne compense pas ce regret. — Ce motif n'est pas toutefois le plus puissant. — L'ordonnance quelconque qui contraignoit certains rouliers ou charetiers à adopter des jantes larges, étoit inexacte, si elle ne proportionnoit pas en

(*) Si ce n'est en Angleterre pour celles qui portent une charge en sus de 8 milliers. Encore a-t-on eu égard à la friabilité ou mollesse des chemins dans cette région.

même temps le rayon de la roue à la charge qu'ils ont coutume de transporter. Nous avons obſervé qu'une jante large feroit fatigante ſur une roue baſſe; il falloit donc aviſer à augmenter en même temps le diamètre des roues.

Il y a plus; l'utilité des jantes larges eſt moins ſenſible pour le particulier que pour le public qui ſupporte les frais de l'entretien des routes. Une autorité quelconque étoit donc indiſpenſable pour faire plier les intérêts de quelques individus à l'intérêt général. — Il n'eſt pas exactement vrai que lorſqu'un gouvernement a voulu fermement des jantes larges, il n'ait pas triomphé de l'avarice ou de l'ignorance des particuliers. Un ſol tant ſoit peu ſablonneux a forcé les Anglais à preſcrire des jantes énormes pour les voitures qui portent des gros poids. Elles ſont de 18 & 22 pouces pour les voitures qui portent au-delà de dix-huit milliers (*). Mais comme l'entretien des chemins eſt à la charge des paroiſſes qui perçoivent des droits à cet effet, l'intérêt du plus grand nombre a dompté la volonté de quelques individus. — Le miniſtre Turgot a

(*) Ces roues ont ſept & huit pieds de diamètre. La forme de la roue, déterminée par les contours de la jante, eſt celle d'un cône tronqué, pour ſe prêter, dit-on, à la ſurface bombée que la chauſſée lui préſente. Mais cette forme feroit vicieuſe ſur le pavé, vu qu'il arriveroit fréquemment qu'un des côtés de la jante qui porteroit ſeul, éclateroit. — Tout ce qui concerne les voitures & les chemins de l'Angleterre a été extrait d'un ouvrage intéreſſant que le Cit. Leſage, ingénieur des ponts & chauſſées, a rédigé, après avoir fait, par ordre de l'ancien gouvernement, deux voyages dans cette île.

voulu,

voulu, pendant quelque temps, les jantes dites *à la Malbourough;* il les a obtenues, quoique son ordonnance fût vicieuse, en ce qu'elle ne prescrivoit pas l'augmentation du diamètre. Les voitures qui transportent le moëllon, celles de quelques tombereaux de la police, & plusieurs autres ont conservé les jantes demandées par Turgot. Le systême d'un emploi plus étendu des jantes larges a été négligé depuis; mais l'inexécution des lois, & l'instabilité des opinions ne pouvoit pas étonner dans un gouvernement dont les ministres étoient changés avec les phases lunaires.

3.° Il est enfin un motif puissant qui a dû combattre la volonté du gouvernement sur l'adoption du systême en question. C'est le défaut de prévoyance pour fournir aux rouliers le moyen de s'y conformer. — Les fers qui se trouvent chez les différens maréchaux répandus dans les villes ou sur les routes, sont d'un échantillon conforme à celui qui est actuellement adopté pour le bandage. Or, comment le propriétaire d'une voiture à jantes larges, l'auroit il fait réparer dans sa route, si les dimensions de fers qu'il eût trouvé, ne convenoient pas à celles adoptées dans la construction primitive? — On voit donc qu'il est une condition indispensable dans la loi qui augmenteroit la largeur des jantes. C'est celle de contraindre les maréchaux à être assortis de bandages d'un certain calibre. L'exécution de cet article exigeroit quelque surveillance dans le commencement; mais la fréquence de l'emploi commanderoit à l'intérêt de chacun, de se conformer aux dimensions prescrites.

Il n'est pas superflu de répéter ici ce que j'ai dit ailleurs, relativement au frottement des jantes. Quelques perſonnes ont cru qu'il augmentoit avec leur largeur, dans une proportion qui eût affecté la puiſſance qui traîne. Certes, il y a frottement par-tout où un corps en mouvement s'appuie ſur une ſurface immobile. Mais il eſt évident que la forme circulaire de la roue, & ſon mouvement de rotation, fait échapper continuellement les points d'attouchement, en ſorte que l'action de ce contact ſur le ſol eſt preſque nulle, ſi on l'enviſage comme frottement. Je citerai l'avis de Bézout ſur ce point, vu que le Cit. Villantrois le réclame dans un de ſes Mémoires anonymes. (Bézout, T. IV, p. 397, §. 792.)

« Le frottement que la roue éprouve au point de contact » ſur le ſol, n'eſt pas celui qui altère le plus la force » motrice. Si l'eſſieu ne frottoit pas dans la boîte, la » réſiſtance qui ſe fait au point inférieur, de la part du » frottement, ſeroit d'un effet preſque inſenſible ſur la » force motrice, parce que l'eſſieu pouvant alors entraîner » la roue ſans la faire gliſſer ſur le terrain, ce mouvement » tend à dégager le point inférieur. »

C'eſt donc à la preſſion de la jante qu'il convient d'avoir égard. Or, il eſt certain que la preſſion eſt moindre lorſqu'elle eſt diſtribuée ſur un plus grand nombre de points. Les jantes larges réuniront donc à l'avantage de ne pas s'engager entre les obſtacles, celui de s'enfoncer beaucoup moins dans les accottemens, d'aſſurer par-là leur conſervation, & diminuer la fatigue des chevaux; en un mot, pour amener le tout à des expreſſions plus générales & plus conciſes, on peut dire que dans le langage de la théorie, un corps rond *frotte* inſenſiblement la surface sur laquelle il s'agite, mais que dans celui de la pratique, ce même corps, en roulant, presse, & ne frotte pas.

En adoptant les jantes larges, faut-il couvrir la jante d'un seul, ou de deux bandages réunis? — Je préférerois un seul bandage dans les voitures qui roulent plus fréquemment dans l'intérieur des villes ou sur le pavé. On pourroit alors ajouter à cette méthode un perfectionnement essayé avec succès par quelques curieux. C'est celui de faire creuser *à chaud* une gorge dans le milieu du bandage qui occuperoit le tiers de sa largeur. Quoique cette gorge soit promptement remplie d'immondices, elle offre l'avantage d'arrêter le mouvement latéral de la roue, que les charetiers appellent *la fringalle*. C'est la chûte non discontinuée des roues à jantes étroites du sommet du pavé dans leurs interstices. Ce mouvement destructeur est celui qui contribue plus puissamment à la dislocation, & au peu de durée des roues dans l'intérieur de Paris.

Les bandages larges seront toutefois plus coûteux, plus sujets à fracture, & plus difficiles à construire à la forge. Ces considérations, qui contribueroient à retarder leur adoption, me font présumer qu'il seroit préférable, en d'autres cas, de ferrer les roues avec deux bandages; mais en se soumettant rigoureusement à cette condition, que les bandes ne seront pas écartées les unes des autres, ainsi que je l'ai vu quelquefois; mais que le grand côté de l'une recouvrira exactement l'autre, en terminant ces côtés en *biseau*, en sorte qu'ils puissent se *recouvrer* sans excès d'épaisseur. — Cette disposition, que je crois encore plus utile que la manière anglaiſe de joindre les bandages *quarrément*, exigera un peu plus de ſoin dans *l'abattage ;* mais elle aſſurera mieux la durée de la jante, en s'oppoſant à la filtration de l'humidité, &c. — Si un roulier ſait bien calculer ſes intérêts, & s'il eſt ſûr d'employer un fer *doux* & bien *corroyé*, il préférera peut-être, à la longue, des bandages entiers, creuſés dans le milieu, ainſi que je viens de l'indiquer.

J'ai cherché inutilement une fixation approximative de la largeur des jantes. Je me ſuis convaincu qu'elle appartenoit à la qualité des chemins, & en adoptant pour maxime qu'elle doit être augmentée plus ou moins pour les voitures qui portent des charges qui excèdent 3000 livres, j'ai tiré de l'expérience ſeule, l'indication que je vais donner. Elle eſt le fruit de quelques obſervations ſur les routes ordinaires de la France, dont le terrain eſt beaucoup plus aſſuré qu'en Angleterre. J'ai proportionné de même le diamètre des roues à la quantité du poids. Cet aperçu n'eſt pas en contradiction avec le principe annoncé, que le plus grand rayon eſt le meilleur diviſeur de la réſiſtance (*) ; car la conſidération du coût des roues doit borner leurs dimenſions aux beſoins, & les reſtreindre dans les petites charges. Toute idée généraliſée avec profuſion, appartient à l'eſprit de ſyſtême, qui diffère beaucoup de la recherche de la vérité.

(*) Le citoyen Villantrois me conſeille de mettre des roues de ſept pieds à un cabriolet. Cette plaiſanterie eſt trop bonne, pour que j'eſſaie d'en affoiblir le ſel par aucune remarque.

Voici la Table en queſtion :

DIAMÈTRE des ROUES.	LARGEUR DES JANTES à la bande.	CHARGE de LA VOITURE.
Pour une roue de 5 p.ds 6 p.es	3 p.es 6 lig.	.... 3000 L.res
———————— 6 p.ds.....	4 p.es 6 lig.	 5000
———————— 7 p.ds.....	6 p.es......	 7000
(*) ———————— 7 p.ds.....	7 p.es......	9 & 10000

Si incertain que cet aperçu puiſſe être aux yeux des critiques ſévères, j'affirme que c'eſt celui auquel la pratique me décideroit dans les conſtructions, en obſervant toutefois que la différence du bandage eſt immédiatement au-deſſus du maximum du poids, en ſorte qu'une roue qui porteroit, par exemple, habituellement

(*) Le maximum du diamètre ſe trouve fixé ici à 7 pieds. On obſervera aſſurément que les roues des fardiers en ont 8 ; mais il eſt facile d'entrevoir que j'étois aſſujetti, dans la conſtruction de ces derniers, à l'élévation de l'affût, dont la hauteur étoit auſſi déterminée par d'autres beſoins. Le centre de gravité étoit d'ailleurs tellement baiſſé dans les fardiers, qu'il compenſoit aſſez la trop grande élévation de l'eſſieu.

3500, doit avoir plutôt 4 pouces $\frac{1}{2}$ que 3 pouces 6 lig., &c. J'ai obſervé également que les bandages formés de deux lames auroient, par ce moyen, des échantillons plus faciles à trouver dans les dimenſions ordinaires. Une plus longue expérience peut rectifier les indications que j'ai haſardées.

L'inclinaiſon des rais n'eſt pas moins importante pour la conſervation des roues. Cette inclinaiſon eſt appelée *écu* ou *écuanteur* par les charrons. Comme la fonction la plus avantageuſe du bois eſt de porter *droit ſur ſon fil*, il eſt évident que les rais perpendiculaires au moyeu ſe trouveroient inclinés dans le moindre penchement de la voiture; on les a donc diſpoſés de manière à ce que le rais ſe trouvât droit lorſque la roue eſt penchée. Dans les roues qui ont 4 pieds & 10 pouces de diamètre, l'angle de l'écuanteur eſt de 10° environ. Les roues qui ſont le plus écuées ſont celles des rouliers provençaux; elles ont juſqu'à 14° d'inclinaiſon, & leurs rais ſont très-forts.

Mais, d'un autre côté, lorſqu'une roue écuée d'un ſeul côté & très-chargée, ſe trouve dans une ſituation horizontale, alors le rais incliné ne préſente pas ſa plus grande réſiſtance. Auſſi arrive-t-il à la longue, que *la patte* ſe caſſe, & que la preſque totalité des rais placés dans le demi-cercle inférieur, ploie en même temps; ce qu'on appelle *faire chapelet.*

On a cru parer à cette double chance, en conſtruiſant des roues dont les rais ſeroient alternativement & également inclinés dans une direction oppoſée. On a fait cet eſſai en Angleterre, & *Chopart*, habile charron de Paris, l'a renouvelé ici.

Je n'ai pas tardé à m'appercevoir que cette méthode étoit vicieuse, en ce que la direction du rais intérieur tendoit à repousser la broche du rais extérieur, *& vice versâ*. Les secousses, & les différences de niveau n'étoient pas les seuls motifs de cette dislocation; le bois, qui se retire sur sa longueur, trouvoit, dans cette disposition, moins de résistance à repousser la jante, que dans la construction ordinaire, à moins que dans celle-ci, les deux rais ne se retirassent à-la-fois, ce qui est plus rare.

J'ai donc voulu conserver tout l'avantage qu'une pareille méthode peut offrir, en évitant les inconvéniens que l'on a aperçu dans quelques expériences. Le moyeu des roues que j'ai fait construire (fig. 6) est percé en échiquier, & les mortaises sont alternées ; le rais postérieur est incliné de 14 à 15°, & le rais antérieur de 7° $\frac{1}{2}$ (*), en sorte que, dans tous les cas, la surface verticale de la jante excède les rais, & qu'aucun de ceux-ci ne soit privé d'une certaine écuanteur. Car il est facile d'observer que l'hypothèse où la voiture est penchée, est plus fréquente que celle où les deux roues se trouvent dans une horizontalité parfaite.

Le système que j'ai adopté a réussi, non pas dans les expériences, mais bien dans *l'expérience*. Je citerai à cet effet un équipage de quinze haquets à bateaux envoyés à Strasbourg, dont les roues avoient été construites ainsi. Je citerai une certaine quantité d'affûts &

(*) C'est l'inclinaison dont j'ai fait usage avec succès. Il est possible que l'on en trouve une plus favorable à l'avenir.

caiſſons, qui ont manœuvré journellement pendant dix mois à Meulan. Je citerai enfin deux groſſes charettes, qui chargeoient dans les forges du département de l'Eure, en voyageant dans les chemins de traverſe. Ces charettes ont été employées ſans interruption pendant deux ans; elles ont ſervi à l'évacuation totale de l'arſenal de Meulan; leurs roues n'ont pas eu aucune réparation ſenſible. Elles peuvent faire encore un bon ſervice; elles étoient en dernier lieu à l'arſenal de Paris, j'ignore leur deſtination actuelle.

Les avantages que j'ai donc enviſagés dans la diſpoſition des rais alternés, ſont les ſuivans :

1.° Les rais s'oppoſent mutuellement à leur raccourciſſement, à moins qu'ils ne ſe raccourciſſent tous les deux en même temps, ce qui ſe feroit encore inégalement, vu la différence de leur longueur.

2.° Les mortaiſes étant entaillées en échiquier, le bois eſt moins affamé entre une mortaiſe & l'autre.

3.° Il eſt très-difficile & preſque impoſſible qu'une roue conſtruite ainſi faſſe chapelet.

4.° On peut diſpoſer ſur le même moyeu un plus grand nombre de rais, & augmenter par-là la ſolidité de la roue (*).

5.° La différence de l'inclinaiſon des rais augmente auſſi la réſiſtance pour la portion du poids qui eſt ſupportée par la roue la plus élevée, quand l'autre eſt dans l'ornière, &c.

(*) La légère augmentation du poids qui s'enſuit, ne vaut pas l'avantage d'une plus grande ſolidité.

Le

Le général d'Aboville a conçu l'idée ingénieuse des moyeux métalliques. Ce projet a dû fixer, avec raison, l'attention du gouvernement ; de tels moyeux seroient économiques par leur durée, ils offriroient une plus grande solidité, & épargneroient le travail dispendieux & embarrassant de *châtrer* les roues.

J'ai tenté de les perfectionner, en plaçant chaque rais dans une case particulière, au lieu de les réunir tous par une seule plaque, & en les distribuant alternativement, ainsi que je viens de l'indiquer (*). L'expérience ne m'a pas encore appris le succès de ce mode. Tel qu'il puisse être, les particuliers trouveront un grand avantage dans l'adoption des moyeux métalliques, si l'on parvient à les adapter sans difficulté à la construction des roues.

(*) Le Cit. Villantrois craint que *la boue* ne s'introduise entre les rais alternés ; il croit apparemment que ces rais sont doubles, & opposés de manière à ce que l'un soit en face de l'autre. Il se trompe encore ; les rais sont presque dans le même plan jusqu'à une certaine hauteur, & à moins qu'ils n'enfoncent jusqu'au moyeu, *la boue* ne peut pas s'introduire dans leurs intervalles. Or, toutes les roues sont également à plaindre, lorsqu'elles sont dans cette dernière hypothèse. Si *la boue* retombe sur le moyeu & y séjourne, cela n'est pas à beaucoup près un inconvénient. Elle entretient l'humidité & l'élasticité des fibres, beaucoup mieux que l'humectation de quelques seaux d'eau, que les charetiers d'artillerie jettent ou ne jettent pas sur les roues. Les rouliers n'enlèvent pas *la boue* de leurs jantes & de leurs moyeux.

Des Voitures de luxe & de commerce.

Nous avons aperçu l'importance du placement du centre de gravité, dans la construction des voitures de toute espèce.

Cette considération peut désabuser ceux qui jugent d'après l'état actuel d'un systême, au lieu d'envisager les principes qui doivent le rectifier.

Pascal, ou selon quelques auteurs, Galilée a inventé le tricqueballe (*). La même idée s'est rencontrée peut-être dans l'esprit de ces savans. Cette voiture est originairement & ordinairement composée de deux grandes roues, d'un essieu & d'un timon. Elle offre deux avantages précieux; celui de charger le poids en l'élevant de terre par l'abat-

(*) C'est peut-être une vive affection pour l'avant-train, qui en a fait adapter un aux tricqueballes de l'artillerie; ce qui n'a pas été assurément imité dans le commerce. Il est évident que, par cette disposition, on perd l'avantage de l'abattage du timon, pour charger au moins la partie antérieure d'un long poids; si on emploie le timon de l'avant-train, on rencontre d'autres inconvéniens. Le fouet de la flèche chargée d'une grande portion du poids, peut en amener la rupture, & la totalité de cette construction en borne l'emploi à l'intérieur des villes, ou chemins pavés, à moins qu'on ne s'expose à des accidens tels que ceux d'une résistance énorme dans les ornières. Elle ne peut pas permettre aux chevaux d'accélérer le pas, sans danger. Cette aggrégation de l'avant-train entraîne d'autres défauts; mais ce n'est pas le moindre de tous, que la diminution de la légèrete & de la simplicité du tricqueballe. Je crois donc que l'on eût bien fait de ne pas faire mieux que Pascal.

tage du timon ; & celui de le transporter *sous l'essieu*. Cette méthode a été négligée jusqu'à ce jour, & les marchands de bois de charpente sont les seuls qui l'aient mise à profit pour *débarder* les bois dans les forêts, ou les transporter dans l'intérieur des villes. On eût dû apercevoir le grand avantage que l'on obtient de cette voiture, & de l'adoption des grandes roues, en remarquant la facilité avec laquelle trois chevaux traînent six poutres de 30 pieds de longueur sur un pied d'équarrissage : leur poids est de 11,160 livres, à raison de 62 livres le pied cube.

S'il n'étoit pas utile de combattre de violens préjugés, & de développer, dans les raisonnemens précédens, une théorie dont on s'éloigne, tous les préceptes à suivre dans la construction des voitures à deux roues, se réduiroient à celui-ci : *Élever les roues jusqu'à une hauteur convenable à différentes sujétions, & baisser le poids.* Ce principe a été employé par excellence dans le tricqueballe de Pascal ; & la crainte de sillonner le sol lorsque les roues enfonceroient, est le seul inconvénient qui puisse lui être reproché. On l'évitera en fixant l'abaissement du poids à une hauteur proportionnée à la qualité des routes que l'on doit parcourir, & en faisant usage des jantes larges.

Le placement du centre de gravité sous l'essieu amène un avantage ultérieur ; c'est celui de ne pas chasser la roue, du sommet des obstacles dans les interstices. On remarquera, ainsi que je l'ai dit dans une note, que la marche de ces roues est beaucoup plus droite & plus uniforme que celles qui portent une charge superposée.

Enfin, la diminution de l'effort néceſſaire au chargement de la voiture, ajoute au mérite de cette invention.

En rendant hommage au génie de ſon illuſtre auteur, je dois obſerver qu'il a négligé l'application que l'on pouvoit en faire à une multitude de beſoins qui excluent la poſſibilité de diſpoſer la totalité du poids ſous l'eſſieu. J'ai eſſayé de m'en occuper, & j'ai fait uſage avec ſuccès de la méthode de placer l'eſſieu dans le corps de la voiture, en ſorte qu'une grande portion de la maſſe ſe trouvât baiſſée, ſans nuire aux diſpoſitions qui empêcheroient un trop grand rapprochement du ſol.

L'on voit donc combien le Cit. Villantrois ſe trompe, lorſqu'il produit comme une remarque critique, ce principe, que l'adoption des grandes roues eſt vicieuſe, attendu que le centre de gravité ſe trouve élevé, ſans que la baſe ou *la voie* ſoit agrandie. En parlant des voitures que j'ai conſtruit avec des grandes roues, il eût dû apprécier que j'avois baiſſé le centre de gravité, en ſorte que le poids ſe trouvât ſous l'eſſieu. Ce n'étoit pas-là le moindre avantage des affûts-fardiers.

Il ſe trompe encore lorſqu'il penſe que j'ai fait exécuter des *prolonges* dont le fond étoit ſous l'eſſieu, *en vue d'incliner la direction des traits.* Mon ſeul but étoit celui de baiſſer le centre de gravité, objet que je crois aſſez important pour être preſcrit par une loi, ſi le gouvernement s'occupe un jour de déterminer la qualité des voitures qui doivent être portées par des grandes roues, pour l'économie des chevaux, & la conſervation des routes.

Il a donc fallu que les rouliers trouvaſſent un énorme

avantage dans les voitures à deux roues actuelles, que le plus grand nombre a adopté, pour compenser l'inconvénient de la superposition du centre de gravité, que l'on peut parer par une disposition aussi simple qu'économique. Il a fallu également que, par la sanction de la pratique, la différence ou rupture d'équilibre du poids qui pèse sur le limonier en descendant, ne fût pas assez grande pour surmonter l'effort que le cheval lui oppose en s'arcboutant sur les jambes antérieures. — Il est donc superflu d'aborder aucun raisonnement de quantité, pour entrevoir que si le défaut inhérent aux voitures à deux roues actuelles, qui est l'élévation du centre de gravité, étoit corrigé en plaçant ce point dans la direction de l'essieu, ou dessous celui-ci, le cheval ne seroit pas sensiblement affecté de l'inégalité de la distribution du poids dans les descentes. Ceci a été confirmé par l'expérience; car les affûts-fardiers chargés de huit milliers, y compris la pièce, l'affût, &c. ont descendu, sans enrayer, la côte très-rapide de Saint-Germain, & toutes celles qui se trouvent de Paris à Maubeuge; les chevaux du timon ayant résisté suffisamment à la chasse du poids.

Telle opinion que l'on voulût adopter sur les systêmes des deux ou des quatre roues, j'ose affirmer que lorsqu'on fera usage du premier, il est urgent d'y introduire un changement important, que l'étendue du diamètre des grandes roues pourra faciliter; c'est celui de baisser le plancher de la voiture, ensorte que le centre de gravité descende, autant que faire se peut, sans que ce plancher touche pourtant au sol, lorsque l'enfoncement de la roue excède beaucoup la hauteur de la jante.

Pour atteindre cet avantage, il eſt facile de conſtruire une voiture (fig. 5) dont toutes les parties ſeroient à-peu-près en équilibre ſur l'eſſieu. — On repréſente ici une charette *à aridelles;* on peut ſupprimer celles-ci, & même la grande équerre en fer qui conſolide ce ſyſtème, lorſqu'on voudra une charette dont les brancards ſeuls forment le fond, afin d'y charger des marchandiſes d'un plus grand volume. Il faudra ſeulement, en ce cas, raſſurer par quelques ferrures les montans droits qui portent l'eſſieu, pour les unir au fond de la voiture.

Cette voiture eſt compoſée de deux roues dont le diamètre eſt de 7 pieds; elles portent des boîtes de cuivre. L'eſſieu qui les réunit traverſe le corps de la voiture, ainſi que l'exprime la coupe repréſentée par la fig. 6. — Le plancher ou fond de la voiture eſt auſſi bas que l'on voudra, ſelon la nature des chemins à parcourir. — Le corps de cet eſſieu eſt en bois; les fuſées ſont en fer, elles ſont prolongées par une *miſe* qui fait un talon ſaillant entaillé dans le corps de l'eſſieu, auquel elles ſont liées par quatre étriers fourchus aſſurés par des boulons à écroux dans leur partie ſupérieure.

Le défaut des eſſieux en fer eſt celui de caſſer inſtantanément, ſur-tout dans le temps des gelées. Celui des eſſieux en bois eſt de caſſer, quoique plus lentement, au collet, & d'être *plus tirans*, vu qu'ils offrent un plus grand multiplicateur de la réſiſtance; c'eſt-à-dire, un rayon plus étendu, ce qui eſt exprimé par notre formule. Les Anglais ont cru détruire ce double inconvénient en conſtruiſant des eſſieux dont le corps feroit en bois & les fuſées en fer. Leur méthode eſt utile en pluſieurs cas;

mais il est important de faire disparoître un défaut de détail que leur construction présente.

Les mises qui prolongent leurs fusées sont rectangulaires, & sans aucune saillie. Afin que le cahot ne les sollicite pas à s'échapper latéralement, ils les ont traversées par un boulon à écrou vertical, au lieu de la deuxième bride intérieure que j'y ai substitué. Peut-être ce défaut, qui d'ailleurs affoiblit l'essieu par le percement qu'il nécessite, & qui fatigue le filet de l'écrou par l'excès de la charge, n'est pas très-sensible, lorsqu'on marche au pas sur des routes d'un terrain doux, & qui ne sont pas coupées par les ornières. Il seroit très-nuisible en France, sur les chaussées pavées, & par-tout où le terrain est pierreux & résistant; il le seroit encore plus, si la marche étoit tant soit peu accélérée. — J'ai cru l'éviter en remplaçant le boulon par une seconde bride qui soulage l'action de la première, & en élevant la *mise* par un talon. — Mais l'emploi de deux fusées séparées ne peut convenir qu'aux voitures de commerce dont la marche n'est pas rapide; il offre l'avantage de changer une fusée à-la-fois, en cas de raparation. — Pour les voitures de toute autre espèce, je préférerois d'entailler dans un corps de bois la totalité d'un essieu en fer, en rapprochant du milieu les deux brides intérieures; cette construction est plus coûteuse, mais beaucoup plus sûre.

Les brancards ou le timon de cette charette sont ceintrés dans la partie postérieure; on peut les construire droits & inclinés, ce qui seroit moins solide, sur-tout si le bois des brancards ceintrés est coupé dans un brin dont la fibre soit courbée naturellement. On peut les placer parallèlement, en établissant sur la partie antérieure une espèce de chassis ſolide qui porteroit deux liſoirs entre leſquels le timon ou les brancards ſeroient engagés; deſſous ce chaſſis, on placeroit le treuil ou moulinet dont ces charettes ſont habituellement garnies. Toutes ces modifications dépendent des beſoins, & de l'intelligence du conſtructeur.

Il ſera utile d'éviter dans tous les cas, & même en faiſant uſage des eſſieux en bois, l'emploi vicieux des demi-boîtes en fer. Je préférerois des boîtes entières pour les eſſieux de cette eſpèce. Autrement la graiſſe filtre les pores du bois dans l'eſpace du moyeu qui n'eſt pas couvert par les boîtes métalliques; ce qui amène la pourriture du moyeu & des rais dont la patte eſt prolongée dans la maſſe de ce dernier.

La différence du coût de cette charette, comparé avec celui des charettes ordinaires, ne ſeroit pas trop ſenſible; mais elle ſeroit bien utilement compenſée par la durée, par la faculté de porter une plus forte charge, & par la conſervation des chevaux.

On aperçoit donc que ſi l'avantage que l'on a voulu ſe procurer par cette conſtruction, que j'ai utilement eſſayé dans les *prolonges* dont le Cit. V. fait mention, eſt celui de baiſſer le centre de gravité, une telle diſpoſition ſe rapproche de l'hypothèſe la plus favorable au tirage, qui eſt la direction C′ P ou C D de la fig. 4, ſur laquelle nous avons raiſonné.

On aperçoit également que le Cit. Villantrois ſe trompe, lorſqu'il croit que c'eſt la petiteſſe du diamètre des roues des charettes de ſiége qui fait leur bonté. C'eſt l'abaiſſement de leur plancher, & conſéquemment de la charge qu'il ſupporte. Or, on pourroit baiſſer davantage ce plancher,

&

& élever les roues de ces charettes; elles en feroient d'autant meilleures.

Il eſt facile de corriger, dans les voitures de commerce, le défaut de l'élévation du centre de gravité; car les charetiers n'affectionnent pas l'agrément des formes. Il n'en feroit pas de même pour les voitures de luxe.

C'eſt un vertige arrivé des bords de la Tamiſe, que l'élévation des caiſſes des voitures à 2 & à 4 roues. Cet uſage ridicule peut être excuſable à Londres, où l'on s'eſt efforcé d'éviter les éclabouſſures des rues très-boueuſes. Il ne peut-être motivé à Paris que par la manie d'une folle imitation. Nous avons indiqué les motifs qui néceſſitent l'abaiſſement du centre de gravité. Les chevaux en feront moins fatigués, même dans les voitures à quatre roues, & les mouvemens latéraux feront beaucoup moins ſenſibles. Je ne parle pas du danger de voyager avec des voitures de cette eſpèce dans les chemins ſillonnés par des ornières profondes. — La ſuperpoſition des *vaches* eſt également nuiſible (*). Je ſais que le voyageur qui emploie les chevaux de poſte s'inquiète peu de leur fatigue; mais il devroit s'occuper de ſa ſûreté, & s'efforcer de partager le poids ſur les parois poſtérieurs & latéraux de la voiture, plutôt que ſur le ciel. Il feroit préférable de l'attacher deſſous, ſi l'on ne craignoit le paſſage des ruiſſeaux guéables, &c.

(*) Un maître de poſte eſt autoriſé par la loi à faire payer un cheval de plus pour un enfant de ſept ans. Il conviendroit mieux à la raiſon & à ſes intérêts, que l'on augmentât l'attelage lorſque la voiture eſt ſurchargée d'une vache.

Lorſqu'une voiture doit porter au-delà de deux perſonnes, & qu'elle eſt deſtinée à circuler dans l'intérieur d'une grande ville, où les tournans-courts ſont plus fréquens, il eſt plus commode pour le propriétaire & pour le public, qu'elle ſoit montée ſur quatre roues; ſes mouvemens ſont d'ailleurs plus briſés & moins ſenſibles à la caiſſe. Mais pour compenſer la plus grande dépenſe de force que cette méthode entraîne, on doit augmenter autant que faire ſe peut, le diamètre des roues antérieures, & baiſſer la caiſſe. Et comme cet abaiſſement eſt borné par les brancards, ſur-tout dans les voitures *à arcs*, il ſeroit alors utile de corriger ce défaut, en y adaptant une cave très-profonde qui ſeroit habituellement chargée d'un poids quelconque. Le poids ſera d'autant plus grand & plus bas que la caiſſe ſera plus élevée. Cette diſpoſition, qui n'a d'autre inconvénient que celui de charger tant ſoit peu les reſſorts, ſoulagera l'action du tirage, & adoucira conſidérablement le mouvement de la voiture.

Le défaut de l'élévation des caiſſes eſt beaucoup plus ſenſible dans les cabriolets; il ſeroit facile d'y remédier en attachant, par des tiges de fer, un coffre placé ſous la caiſſe. La figure 7 exprime cette idée. On pourroit donner à ces tiges des contours plus agréables, & adapter à la totalité de ce ſyſtême, des formes élégantes. — Les cabriolets actuels ont beſoin de cette correction, qui ne ſeroit toutefois utile, que dans le cas où ces voitures ne rouleroient que dans l'intérieur des villes, ou ſur les chauſſées bien entretenues. — Ces cabriolets, tels qu'ils puiſſent être, offrent encore un argument aſſez convaincant contre le citoyen Villantrois, qui en fait mention. La préférence qui leur eſt attribuée pour la légèreté, la rapidité & l'économie, dit quelque choſe en faveur des voitures à deux roues. Il s'agit de les rendre moins verſans, & corriger d'autres défauts qui ſont ceux *de la méthode, & non pas du ſyſtême;* or, nous avons ſait entrevoir le moyen d'y parvenir.

Il eſt d'autres voitures qui peuvent être montées ſur quatre roues. Ce ſont celles qui tranſportent un gros poids diſpoſé ſur une grande ſurface, ou des matières qui exigent une marche plus douce. Ce ſont auſſi les fourgons & meſſageries qui tranſportent à-la-fois des marchandiſes & des voyageurs. — Les défauts inhérens à toutes ces voitures ſont, 1.° de charger trop le ciel ou impérial de la caiſſe; 2.° de ne pas baiſſer ſuffiſamment le centre de gravité, ce que l'on pourroit obtenir par quelques diſpoſitions, beaucoup moins ſimples, à dire vrai, que dans les voitures à deux roues; 3.° d'employer des roues d'avant-train trop baſſes.

Le diamètre des roues antérieures a été borné par la néceſſité de les introduire ſous les brancards, lorſqu'on veut tourner ſur 90°. Mais les voitures à quatre roues dont nous venons de parler, portent une *flèche* qui ne permet pas un tournant auſſi développé. Il n'exiſte donc aucun inconvénient à élever le diamètre des roues antérieures, & le faire égal à celui des roues poſtérieures. Il ſuffira d'avancer l'avant-train aſſez, pour que la roue puiſſe tourner ſans atteindre le corps de la voiture. — Je crois donc que l'on pourroit conſtruire une voiture de meſſagerie bonne, douce & ſolide, en la montant ſur quatre roues de 7 pieds de diamètre, ayant une jante de 7 pouces, & des rais alternés montés ſur un moyeu métallique. La caiſſe de cette voiture ſeroit diſpoſée de manière que la flèche s'introduisît dans une cavité pratiquée dans le fond. Les voyageurs ſeroient aſſis ados, & parallèlement à la flèche, en ſorte que leurs pieds fuſſent plus bas que cette dernière. Cette voiture pourroit tranſporter en outre 10,000 livres de marchandiſes d'un petit volume ſur la partie antérieure & poſtérieure. Les ballots y ſeroient diſtribués commodément, vu la grande longueur que cette diſpoſition exige (*). Les eſſieux ſeroient en bois & en fer, ainſi que je viens de les décrire. Une pareille meſſagerie pourroit être traînée par quatre & par ſix chevaux dans la plus mauvaiſe ſaiſon.

Ces diſpoſitions peuvent s'appliquer aux voitures des rouliers, qui ſont montées ſur quatre roues.

Mais il eſt évident que dans ces hypothèſes, qui ſont toutefois forcées par les beſoins, l'équipage antérieur de la voiture augmente le poids, le coût & l'entretien.

Les voitures excluſivement deſtinées au tranſport des voyageurs, & qui ſont montées avec raiſon ſur deux roues, pour faciliter l'agilité de leur marche, ces voitures, dis-je, peuvent être diſpoſées avec plus d'aiſance & moins de complication que celles dont nous venons de parler, pour baiſſer leur centre de gravité, & y adapter des roues d'un grand diamètre.

(*) Il faut avoir égard toutefois aux routes que certaines meſſageries parcourent plus habituellement. Si l'on y rencontroit des tournans-courts étrangiés & difficiles, une trop grande longueur de la voiture ſeroit nuiſible. — On chargeroit alors une moindre quantité de marchandiſes, pour déterminer la longueur de la flèche ſelon ces beſoins.

La figure 8 repréſente *une guinguette* qui porte deux cabriolets, dont chacun contient trois ſiéges parallèles; deux perſonnes peuvent s'aſſeoir ſur chaque ſiége; la longueur des brancards eſt arbitraire & fixée par les beſoins (*). Les cabriolets ſont réunis par un chaſſis au-deſſous duquel eſt une vache; le corps d'eſſieu paſſe entre les deux. Ils ſont portés par des ſoupentes qui s'adaptent à des échantignoles inférieures, d'une forme circulaire, figurées par la coupe du caiſſon de la figure 2. — La ganſe de ces ſoupentes eſt bouclée dans une anſe ferrée ſur l'extrémité d'un levier de frêne. Quatre ſoupentes portent la totalité du poids. Les leviers de frêne ſont inclinés ſous un angle que l'expérience détermine, & qui eſt proportionné à leur longueur, à leur épaiſſeur & à leur flexibilité. Ils jouent librement ſur un boulon qui les lie aux brancards, & ils repoſent ſur des coins également attachés aux brancards par deux boulons (**); ces coins ſont plus ou moins élevés, ſelon la charge que la voiture ſupporte, la force des leviers, &c. Les dimenſions indiquées dans la figure ſont celles que je crois convenir le mieux au tranſport de douze perſonnes avec un certain poids dont la vache ſeroit chargée. Les roues

(*) Les brancards ne ſont pas aſſez longs dans la figure en queſtion.

(**) Le Cit. Trouville, connu par des inventions brillantes, a propoſé l'emploi d'un levier flexible pour élaſtiquer des mouvemens. Il a adapté ingénieuſement le jeu de la perche du tourneur à la ſuſpenſion d'un lit de malade dans un projet de voiture deſtinée au tranſport des bleſſés. — J'ai mis à profit ſon idée, en la modifiant, pour la faire ſervir à différens beſoins qui appartiennent aux voitures de guerre.

ont ſept pieds de diamètre ; mais leurs jantes & leurs rais doivent être plus allégés que ceux des voitures de commerce. Les traverſes qui aſſemblent les brancards ſeront ceintrées & priſes dans les bois courbes. Elles le ſeront moins ſi l'on deſcend les brancards en plaçant l'échantignole par-deſſus l'eſſieu. Enfin cette voiture eſt traînée par deux chevaux attelés de front, qui portent une volée ſous le cou, ou une traverſe ſur la ſellette.

Ceci nous amène à parler de la forme & du choix des attelages pour les voitures à deux roues. Il eſt moins important de réfuter les raiſonnemens du Cit. V. ſur cet objet, que d'indiquer les corrections que l'on pourroit introduire dans les beſoins du commerce.

Lorſqu'une voiture à deux roues eſt en mouvement, l'action de ſon poids affecte de deux manières le cheval des brancards, 1.° en faiſant tomber ſur lui une portion du poids dans chaque rupture d'équilibre ; 2.° en le forçant à céder aux mouvement latéraux qui enfoncent une roue plus que l'autre.

Nous avons indiqué le moyen de diminuer le premier défaut, en ſorte qu'il devienne preſque inſenſible. Que ſi deux chevaux, au lieu d'un ſeul, ſupportent la partie antérieure de la voiture, il eſt évident que lorſqu'on aura conſidérablement atténué l'inconvénient de l'ados exceſſif par l'abaiſſement du centre de gravité, le réſidu de l'action infiniment petite provenante de ce motif, ſera encore diviſé, & qu'il ſera de moitié moins ſenſible à chaque cheval. On voit donc que ſous ce point de vue, l'attelage de deux chevaux eſt préférable. Si un ſeul cheval eſt attelé entre deux limons, la ſangle qui repoſe ſur ſa doſſière,

& dont les extrémités ſupportent les brancards par des ganſes aſſez longues, gliſſera ou tendra à gliſſer vers le côté où le poids entraîne la voiture, lorſqu'une roue s'abaiſſe par l'inégalité du ſol, ou en deſcendant dans une cavité quelconque. Cette ſangle, en frottant ſur la doſſière, preſſe les reins du cheval, & l'entraîne. Mais ſi au lieu des brancards, un ſeul timon placé dans le milieu du corps de la voiture repoſe ſur une anſe, où il puiſſe jouer librement, & que cette anſe ſoit portée par les chevaux dans une diſpoſition qui ne fatigue pas leurs reins; il eſt encore évident que ces chevaux ne ſe reſſentiront des mouvemens latéraux, qu'autant que ceux-ci raccourciſſent le bras de levier de la roue qui s'incline, ce qui eſt une conſidération étrangère à ce ſujet. Autrement, on pourra enviſager le centre de mouvement de la voiture, eu égard aux chûtes latérales, comme placé dans le centre du timon; & l'extrémité du rayon qui trace les arcs qui différencient l'horizontalité, ſur le point inférieur de la roue. L'anſe dans laquelle le timon eſt introduit ne lui ſert que de *pallier*, & comme il peut jouer librement dans la courbe qu'elle repréſente, deux chevaux attelés de front, par cette méthode, ne feront aucunement affectés des mouvemens latéraux. Ces motifs m'ont déterminé à imiter l'attelage des voitures dites des *maréyeurs*, & à faire porter ſous le cou, le timon des voitures à deux roues.

Le Cit. Villantrois a négligé de réfléchir ſur cette diſpoſition, & a préféré de la condamner, en affirmant, 1.° que les mouvemens de deux chevaux ſe contrarient, attendu que leur pas eſt inégal; 2.° que ſi un cheval tombe, il entraînera l'autre, vu qu'il n'eſt pas vrai, ainſi que nous l'avions insinué dans un mémoire, que le porteur pourra empêcher la chûte, ou la rendre au moins plus rare.

Nous répondrons, 1.° que l'inégalité de la marche n'est pas un défaut fréquent, vu que l'on a soin d'assortir les attelages du timon; 2.° que cette irrégularité n'est guère sensible que dans le trot, & pendant un court espace de temps; car à peine deux chevaux attelés de front ont-ils franchi une certaine étendue, le sentiment du meilleur emploi de leurs forces les amène à un mouvement plus uniforme, à moins que la différence de leur taille ne soit extrême. L'habileté du postillon contribue à cette régularité que les chevaux accouplés gagnent facilement; 3.° que cette chance très-rare & éventuelle, ne vaut pas l'inconvénient certain de faire supporter à un seul cheval placé sous les limons, l'impulsion de tous les mouvemens latéraux; 4.° que l'attelage à limon fatigue le cheval par les motifs exposés dans le paragraphe précédent, &c.

Le Cit. V. se trompe aussi, lorsqu'il croit qu'un cheval qui tombe entraînera *le porteur*. Il oublie que celui-ci est *monté*, & qu'il est retenu par la bride du cavalier; il oublie que le cavalier retient aussi le cheval qui est sur sa droite; il oublie que le cheval sous les limons est privé d'un tel secours, & qu'il n'est livré qu'à lui-même; il oublie que cette méthode offre la facilité de faire monter par un charetier un des chevaux qui traînent la voiture, ce qui seroit impraticable pour les chevaux disposés en file, au moins dans le service de l'artillerie; il oublie enfin qu'une disposition semblable raccourcit les colonnes, & rend les mouvemens plus serrés & plus rapides.

Avant de ramener à un résumé comparatif, les avantages des

des voitures à quatre roues, & de celles ſans avant-train, nous parcourrons rapidement une objection plus ſpécieuſe que vraie, que l'on répète habituellement en faveur des premières. L'attouchement ou preſſion ſur le ſol étant portée ſur quatre points, les chemins, dit-on, en ſont moins endommagés.

Cette remarque eſt vraie à quelques égards lorſqu'une voiture roule ſur le pavé ; mais elle eſt entièrement fauſſe, ſi on la ſuppoſe en mouvement dans les accottemens & chemins ordinaires. Si une voiture à quatre roues eſt *immobile*, elle s'enfoncera effectivement moins qu'une voiture à deux, toutes choſes étant égales d'ailleurs pour la largeur des jantes, &c. (*) Mais ſi elle eſt en mouvement, il faudra ſe rappeler que le moment de l'action de la roue ſur le ſol eſt composé du poids & de la vîteſſe. Que la charge ſoit égale pour les deux voitures, l'impulſion ou le retour de l'impulſion contre un terrain variable, eſt double. Il faudra tenir compte du frottement des boîtes ſur l'eſſieu, qui étant plus grand dans les voitures à quatre roues, augmentera le choc des jantes en mouvement.

Dans cette ſuppoſition, nous enviſageons quatre roues

(*) Cette hypothèſe, qui doit être commune à tous les théorêmes phyſico-mathématiques, eſt pourtant ici au détriment des voitures à quatre roues ordinaires ; car ſi les roues antérieures ſont petites, l'augmentation de leurs jantes deviendra lourde & coûteuſe : le poids de toutes les parties de l'avant-train augmentera la réſiſtance. — On obſervera auſſi que la *vîteſſe* dont on parle ici n'eſt pas celle qui exprime le mouvement progreſſif de la voiture, mais bien le mouvement de chaque roue.

d'un diamètre uniforme; que si leurs dimensions sont inégales, l'action contre le sol sera augmentée en raison de l'inégalité du diamètre des roues, attendu que les surfaces qui sont en mouvement reviendront plus fréquemment à une impulsion destructrice, sur un terrain qui n'offre pas une dureté égale à celle des chemins pavés.

Cette raison n'est pas la seule qui détermine l'avantage des voitures à deux roues pour la conservation des chemins. — La vîtesse des roues antérieures est plus grande que celle des grandes roues; elles ont plus de convexité, & leur action est plus incisive. Mais si on y réfléchit attentivement, la somme de deux actions égales à celle d'une seule qui seroit double contre une surface disposée à se mouvoir, est plus forte, dans certains cas de pratique, pour l'effet à produire. Car la réunion des masses étant soumise à un grand nombre de directions irrégulières, celles-ci sont heurtées non-seulement dans le prolongement du centre de gravité du corps qui frappe, mais elles cèdent par des mouvemens obliques, & amènent une dislocation plus prompte, lorsque les coups sont plus fréquens, quoique moins violens. En un mot, une *hie* du poids de 50 livres qui, étant lancée par deux hommes, frapperoit obliquement trois fois un bloc de pierre engagé dans d'autres obstacles, pour le déchausser, n'obtiendroit pas cet effet avec autant d'avantage qu'une *hie* de 25 livres qui donneroit six percussions, étant manœuvrée par un seul homme (*), quoique

(*) Parce que deux percussions ne sont jamais dans la même direction, ce qui facilite le déchaussement; ce qui fait qu'en agitant horizontalement une pince entre deux pavés, on les disjoint plutôt que l'on ne le feroit par un tirage vertical superposé.

le bloc n'eût reçu que deux impulsions égales dans les deux hypothèses, en supposant les forces égales, &c.

Ce n'est pas tout : lorsque l'ornière ou le simple sillon est commencé, ce n'est pas à la seule pression verticale qu'il convient d'avoir égard, mais bien plus au frottement des parois latéraux. Or celui-ci est exactement double dans les voitures à quatre roues, qui élargissent infailliblement les ornières beaucoup plus que les autres.

Envisageons enfin cette hypothèse. Si une roue des voitures sans avant-train est tombée dans une cavité, ou si elle est arrêtée par un obstacle, on calle la roue opposée ; en faisant agir alors obliquement le cheval du limon, la voiture pivote sur cette dernière, & l'obstacle est franchi par la roue qui est en mouvement. C'est encore ici une circonstance où la présence de deux chevaux au timon est plus avantageuse ; mais il est démontré qu'en pareil cas la puissance agit par un bras de levier qui sera d'autant plus étendu que la distance du point d'attache des limons à l'essieu sera plus grande. Or cette distance est au moins plus forte d'un tiers dans les voitures à deux roues. Si une de ces roues est dans l'ornière, une telle voiture en sortira avec plus de facilité, & en dégradera moins le sommet & les parois latéraux.

En concluant que les voitures sans avant-train altèrent moins, que celles à quatre roues, les chemins non pavés, nous annonçons une vérité sanctionnée par la pratique. Il est des cantons ou villages qui n'ont pas des communications faciles avec les grands chemins, & ceux-là ont abandonné les voitures à quatre roues pour adopter les charrettes. Enfin les paysans qui marchent plus habituellement dans les chemins de traverſe, emploient des voitures à deux roues pour vaincre avec plus de facilité les irrégularités d'un ſol inégal.

Les voitures à deux roues d'un grand diamètre, & ayant des jantes larges, jouiront d'un avantage ultérieur, motivé par les raiſonnemens précédens.

Si l'on compare, dans un réſumé concis, les avantages des voitures à deux & à quatre roues, il ſera aiſé de fixer nos idées, ou, pour mieux dire, d'appliquer le choix aux circonſtances, ſans donner une extenſion illimitée à aucun ſyſtême.

Les voitures à quatre roues briſent mieux les mouvemens; — Elles ſont moins verſantes; — Elles ont un tournant plus court, lorſque la petite roue s'introduit ſous les brancards; — Les chevaux ne ſont aucunement affectés par le poids (*).

Les voitures à deux roues ſont plus ſimples, plus économiques & plus légères; — Elles exigent moins d'effort

---

(*) On exagère tant ſoit peu les impulſions que reçoit le limonier dans les voitures à deux roues. Il n'eſt réellement ſurchargé que dans les deſcentes, vu qu'alors les autres chevaux ne peuvent lui prêter aucun ſecours. Mais dans la plaine & en montant, les chevaux antérieurs en tirant ſur les brancards, les font baiſſer par leurs traits, ſi le cheval eſt enlevé par le poids poſtérieur. La même force de traction horizontale tend à le ſoulager, ſi le poids antérieur s'abaiſſe. Les mouvemens latéraux ſont les ſeuls qui affectent excluſivement le cheval placé ſous deux brancards; mais l'attelage d'un timon qui joue dans l'anſe d'une volée, détruit, ainſi que nous venons de l'obſerver, la majeure partie de ces mouvemens.

dans la puiſſance qui traîne (*) ; — Elles dégradent moins les grandes routes ; — Elles franchiſſent plus facilement un ſol qui feroit difficilement praticable pour les voitures avec avant-train ; — Les diſpoſitions qui tendent à faire baiſſer le centre de gravité, peuvent leur être plus facilement adaptées.

Des Affûts & des Caiſſons.

COMME l'erreur accréditée n'eſt pas une autorité, il ne ſuffit pas d'affirmer que par cela ſeulement que l'on fait la guerre avec nos affûts & nos caiſſons, nous poſſédons les voitures les plus économiques, & le mieux diſpoſées à remplir tous les beſoins du ſervice. Ce que l'on fait, n'eſt pas ce qu'on peut faire. — Il y a pluſieurs années que je remarquai dans l'étranger des voitures de guerre à pluſieurs égards plus imparfaites que les nôtres. Ces conſtructions avoient auſſi leurs champions. Ils raiſonnoient avec le même accent, & argumentoient *ab antiquò*. L'on n'oſoit parler de l'affût de place de Gribeauval, ſans paſſer pour une tête brûlante, un innovateur.

Il eſt peu étonnant que lorſqu'on a vivement aperçu cette vérité frappante, que la richeſſe de la France conſiſte dans une bonne adminiſtration ; que l'économie d'un grand état eſt déterminée par l'utilité & non pas par la diminution de la dépenſe ; il eſt peu étonnant, dis-je, que l'on jette

(*) Toutes les voitures de commerce montées ſur quatre roues emploient un cheval ou deux de plus que celles à deux roues, qui portent une charge équivalente.

un regard ſur le coût de l'arme de l'artillerie. C'eſt peut-être ce motif, & non pas la déférence que le gouvernement eût mieux accordé à des officiers plus inſtruits, qui l'a décidé à renvoyer au comité central, des queſtions que que j'avois poſées, & qui euſſent pu contribuer au perfectionnement de notre arme. Je m'étois expliqué avec le préſident & quelques membres de ce comité ſur l'intention de ces queſtions, & j'avois eu lieu de m'applaudir de la manière dont ils avoient accueilli mes obſervations.

La conſtruction des caiſſons devoit exciter ſur-tout notre ſollicitude. Les demandes très-forcées des généraux prouvoient la crainte d'une conſommation exceſſive, & l'avis d'un grand nombre d'officiers d'artillerie ſur leur imperfection, commandoit d'autant plus notre attention, que nous avions ſous les yeux l'exemple de l'ennemi qui, en faiſant uſage de ſimples *charettes* mal conſtruites, conſerve beaucoup mieux les munitions, & n'emploie pas des attelages auſſi nombreux.

Quoique le dernier Mémoire du citoyen Villantrois fût excluſivement deſtiné à combattre quelques idées que j'avois hazardées, je me ſuis réjoui à la lecture de la première page, où il ſembloit annoncer qu'il entretenoit le lecteur des caiſſons de l'artillerie.

Je croyois qu'il alloit décrire un caiſſon qu'il eût inventé; que ce caiſſon ſeroit moins lourd & moins coûteux que les caiſſons actuels; qu'il ne déchireroit pas les gargouſſes par le cahot; qu'il franchiroit autant que l'affût, dont il ne doit pas ſe détacher, toutes les irrégularités du ſol dans une bataille; que le défaut de tournant n'amèneroit pas des verſemens fréquens; que ce même défaut ne le feroit pas fauter par fois, en excitant des étincelles par le frottement de la roue antérieure contre la plaque clouée au corps du caiffon; que la roue de rechange feroit portée par un moyeu qui ne fe briferoit pas fréquemment; que fa couverture garantiroit la munition de la filtration de la pluie; que fes mouvemens feroient élaftiqués; que fon centre de gravité feroit baiffé; que l'on feroit difparoître cet amas abondant de ferraille qui facilite l'inflammation par les percuffions de toute efpèce, &c. &c. &c. Car l'on reproche tous ces défauts aux caiffons dont nous faifons ufage.

J'ai été furpris, en appercevant que le Cit. Villantrois s'attachoit feulement à répliquer à un Mémoire que j'ai dû publier à regret pour réfuter quelques remarques de l'auteur du Manuel. — On ne peut fe diffimuler que fes raifonnemens euffent été beaucoup plus impofans, s'il avoit rempli la tâche utile, mais pénible, de propofer une correction *néceffaire*, plutôt que celle douce & facile de critiquer. Critiquer! ce Sénèque, fi précis dans les aphorifmes de la fageffe, l'avoit dit avant moi. *Eloquentior erit fermo tuus; age! quia quæ dicta erunt & probata.*

On appréciera la jufteffe de cette remarque, en fe rappelant l'intention du Directoire Exécutif, qui defiroit atteindre directement le but de l'utilité; il ne demandoit par une critique qui précédât une création, mais une création qui amèneroit une correction urgente. Nous répéterons ici, dans fon entier, l'article renvoyé par le gouvernement.

« PROJETER (*& non pas critiquer*) un caiffon qui, » fans augmenter le coût ni la difficulté de la conftruction,

» réunisse les conditions suivantes, comparativement aux » caissons actuels : 1.° une plus grande légèreté ; 2.° moins » de déchirement & d'agitation dans les gargousses ; 3.° le » plus grand rapprochement possible du centre de gravité » vers l'essieu ; 4.° la facilité du tournant sur 90° ; 5.° em- » pêcher la filtration de la pluie ; 6.° obtenir la faculté » de franchir les irrégularités du sol, & de suivre la marche » d'une pièce attelée à la prolonge. »

Mais comme l'écrit que nous avons examiné dans cet ouvrage, exprime l'opinion individuelle du Cit. Villantrois, & non pas celle du comité, je croirai seconder les vues de celui-ci, en publiant un projet de caisson par lequel j'ai essayé de répondre au programme en question.

La fig. 1 représente un caisson vu de côté, au défaut de la roue antérieure. La fig. 2 représente son élévation postérieure. Il est évident que cette disposition est conforme à celle de la fig. 8 dont nous avons parlé. On doit remarquer toutefois qu'un tel caisson peut être construit sur deux hypothèses. — Si l'on demande une enveloppe continue, & un couvercle semblable à celui des caissons actuels, on emploiera alors des feuilles de tôle étamée, pareille à celle que l'on préparoit à Paris dans la rue Bailli. Chaque couvercle sera formé d'une seule feuille, & n'offrira aucun joint où la pluie puisse s'introduire. — Si l'on préféroit d'imiter la méthode allemande, on substitueroit alors aux parois latéraux du caisson, des aridelles semblables à celles des chariots à munitions. Les gargousses seroient emballées sans séparation dans des boîtes semblables aux caisses des layetiers ; un premier rang de cerceaux supporteroit une toile qui s'introduiroit entre ces

caisses

caiſſes mobiles & les aridelles ; un ſecond rang ſeroit couvert par une toile cirée, qui embraſſeroit tout le corps de la voiture. Cette dernière méthode a l'avantage d'exclure la ferrure du couvercle ; mais elle exige beaucoup de ſoins, & de fidélité dans les charetiers.

Ce caiſſon diffère tant ſoit peu de ceux que j'ai fait exécuter, en ce que 1.° le centre de gravité eſt baiſſé, & placé dans la direction du tirage ; 2.° les ſoupentes qui s'adaptent aux échantignoles placées ſous le fond du caiſſon ſont plus longues ; 3.° les leviers qui portent ces ſoupentes ne ſont pas entaillés dans les brancards. Ils ſont ſaillans, & diſpoſés comme ceux des affûts à banquette. Ils jouent comme ces derniers ſur un boulon, au lieu d'être fixés aux brancards.

On objectera peut-être, 1.° que le corps de la voiture étant trop bas, le fond ſera mouillé dans le paſſage d'un ruiſſeau guéable ; 2.° que les ſoupentes ſont ſujettes à pourriture ; 3.° que les leviers flexibles peuvent caſſer.

Voici mes réponſes : 1.° Si l'on rencontre un ruiſſeau guéable dans la marche, le corps du caiſſon peut être élevé facilement, en raccourciſſant les ſoupentes, ou en introduiſant des leviers entre les deux brancards, pour en ſoulever le fond au-deſſus de la hauteur même des caiſſons actuels. S'il n'eſt queſtion que d'une marre ou foſſé plein d'une petite étendue, que l'on rencontreroit en manœuvrant en bataille, la voiture peut le tourner, comme elle eſt forcée de le faire dans l'état actuel des choſes.

On doit obſerver que dans l'hypothèſe d'un ruiſſeau profond, il faudroit qu'il fût beaucoup plus étendu que les foſſés ordinaires des champs labourés, pour immerger le fond de cette voiture. On placeroit alors dans l'ancienne comme dans la nouvelle hypothèse, des madriers pour le traverser. 2.° La pourriture des soupentes n'est sensible qu'après un certain nombre d'années, elle n'équivaut pas l'inconvénient du déchirement des gargousses. Si ces soupentes sont revêtues de cuir noir, leur durée sera d'autant plus assurée; la suppression de l'avant-train & de ses accessoires, & la diminution du risque de perdre les caissons, compensent avec usure cette légère dépense. 3.° Aucun des leviers de frêne des affûts à banquette, quoique chargés du poids de huit hommes, & employés presque journellement à Meulan, n'a cassé jusqu'à ce jour. Ceux des caissons ont également résisté, excepté *un seul* dont le Cit. Villantrois se prévaut dans son Mémoire anonyme. Il n'a pas pris la peine de s'informer que l'on avoit essayé une expérience forcée; il n'a pas su non plus que ce levier, par une méprise répréhensible des ouvriers, étoit *en chêne;* ce qui change beaucoup l'hypothèse de l'élasticité (*). Si un de ces leviers casse, la réparation est prompte & facile; quatre leviers de rechange doivent sans cesse accompagner le caisson. On peut les rétablir aisément par-tout, & à peu de frais. Les ressorts ne jouissent pas de cet avantage. Si un levier..... si deux leviers cassent, la voiture peut continuer sa marche sans un danger pressant. S'ils étoient même tous cassés, on

(*) Je n'ai dit dans aucun écrit, & je n'ai jamais pu dire, que les leviers remplaçoient *exactement* l'action des ressorts, ainsi que le Cit. Villantrois me l'attribue dans un de ses Mémoires anonymes. — J'ai dit, & je répète, qu'ils sont plus simples, plus économiques, & d'une réparation plus facile.

attacheroit encore le corps de la voiture aux brancards par les soupentes ; mais si la construction est passable, le moindre de ces dangers sera fort rare, & presque impossible.

Je ne sais si j'ai répondu suffisamment aux objections, ou s'il peut s'en offrir d'autres que je n'eussent pas aperçu. Mais je me hâte de proclamer une vérité que j'ai entendu répéter par un officier-général instruit, & membre du comité central de l'artillerie. — Si l'on veut juger avec impartialité une nouveauté proposée, pour remplacer un besoin quelconque dans le service de notre arme, il faudroit envisager la construction dont on fait usage, comme *une nouveauté*, & *la nouveauté* comme celle dont on fait usage ; car l'habitude est un prestige dangereux pour les personnes les plus éclairées.

Nous ne parlerons pas de l'espoir que le Cit. V. a conçu de faire manœuvrer *à la prolonge* des caissons montés sur quatre roues. Nous ne croyons pas que l'on puisse en faire même la tentative ; car l'avantage de la prolonge étant essentiellement celui d'aider le corps d'affût à franchir les ravins & les fossés, le défaut de flexibilité sur la cheville ouvrière de l'avant-train, le poids du caisson, si on séparoit les deux trains, & l'agitation excessive des gargousses, semblent éloigner un espoir trop légèrement conçu.

Que si l'on a reconnu, ajoute le Cit. Villantrois, l'impossibilité de passer avec des caissons à quatre roues dans des endroits difficiles, on charge alors la munition sur le dos des chevaux, & on laisse les caissons dans l'endroit le plus sûr, &c. (page 27 du Mém.) — Mais si on est attaqué à l'improviste, & si l'on est entraîné par l'ennemi là où l'on n'avoit pas prévu d'aller, que deviendront les caissons à quatre roues, étant dans l'impossibilité de suivre de près la marche de la pièce? — La méthode de charger les munitions à dos, que le général *Lawdon* a voulu essayer, fourmille d'inconvéniens. La présence nécessaire de paniers disposés à cet effet n'est pas le moins remarquable. La munition peut être facilement mouillée par la pluie, malgré les plus grandes précautions. Si les chevaux chargés de la sorte doivent manœuvrer dans une affaire, la blessure ou la chûte d'un cheval fait perdre la totalité de sa charge. La poudre peut s'allumer par mille accidens très-fréquens dans le tumulte, &c.... Enfin, ce systême exige une marche rétrograde des chevaux, pour aller reprendre les caissons dans *l'endroit sûr*, qui n'est rien moins que sûr, lorsqu'on est à portée de l'ennemi. — Le Cit. Villantrois envisage les caissons dans les grandes marches de l'armée où tout est préparé d'avance & à loisir. Je les envisage essentiellement dans les actions & aux avant-gardes. Alors, malgré l'exactitude des reconnoissances, on voit naître sous ses pas des difficultés de toute espèce; on les franchit par fois actuellement, quoique avec peine, vu que la nécessité commande, & que l'habitude familiarise les hommes avec les défauts.

Concédons un instant que la méthode de charger la munition sur le dos des chevaux soit exempte d'inconvéniens. Celui des deux systêmes qui nécessite un changement de disposition pour parer à une circonstance, est-il préférable à celui qui peut les affronter toutes par sa disposition primitive?

Voici une objection bien sérieuse (page 28 du Mém.).

« Il eſt de très - bonnes raiſons pour charger ſur une extrémité du caiſſon les cartouches à groſſes balles, en plaçant celles d'un moindre calibre à l'extrémité oppoſée. Si l'on uſe la totalité d'un des deux calibres, le caiſſon à deux roues perdra ſon équilibre. » — Eh bien! en chargeant les cartouches à groſſes balles ſur les extrémités des deux portions de caiſſons qui ſont plus rapprochées de l'eſſieu, & celles à petites balles ſur les deux autres extrémités, on ſatisfait à ces bonnes raiſons, & la difficulté eſt levée.

Comment, dit le Cit. V., nos canonniers pourroient-ils s'aſſujétir à vider un caiſſon, des extrémités vers le centre? car l'équilibre eſt encore rompu ſans cette précaution. — Voilà une terrible ſujétion pour des militaires dreſſés à un ſervice quelconque! Comment ſont - ils aſſujétis à boucher la lumière, à écouvillonner, & à faire plûſieurs mouvemens minutieux à chaque coup? Le ſervice de leur arme l'exige, & voilà la ſeule réponſe. — Ce n'eſt pas une condition qui exige ni force, ni adreſſe, ni capacité, celle de prendre une gargouſſe plutôt dans un point que dans l'autre; & cet inconvénient, ſi c'en étoit un, ſeroit par trop racheté par les avantages de cette méthode. — Et quoique ce défaut ne paroiſſe pas être fort ſenſible au tirage, c'en eſt un toutefois que celui de vider entièrement une extrêmité d'un caiſſon à quatre roues, en laiſſant ſur l'autre la totalité de la charge reſtante. — Ce n'eſt donc pas une difficulté inſurmontable que cette légère attention, & elle ne peut pas amener la concluſion excluſive que le citoyen Villantrois a cru devoir en déduire (*).

(*) On fait valoir la reſſource de *tourner* les obſtacles ou

Nous avons aperçu (page 84) deux avantages attribués exclusivement aux voitures à quatre roues; 1.° celui de briser mieux les mouvemens; 2.° celui d'avoir un tournant plus court dans les voitures à arcs, ou dans celles dont les roues de l'avant-train sont fort basses. — Le premier de ces avantages est inutile pour les affûts; l'augmentation du poids & du coût de l'avant-train compense l'avantage d'avoir un cahot tant soit peu moins sensible. Le second ne peut pas leur être accordé; car le tournant des affûts actuels est si borné, qu'il amène par fois le versement. Celui des affûts sans avant-train est évidemment plus facile.

Le seul motif qui pourroit donc déterminer la préférence qui leur est accordée, est la diminution de la fatigue des chevaux. Celle-ci dépend de l'élévation, de l'instabilité

---

cavités que l'on rencontre à chaque pas dans un terrain irrégulier; car c'est dans le terrain du combat qu'il convient d'examiner l'utilité des voitures de guerre. On veut *tourner* les obstacles avec des voitures qui n'ont pas de *tournant!* Et peut-on *tourner* tous les obstacles? Les ruisseaux destinés aux irrigations artificielles des *risaïe* de la Lombardie sont très-fréquens & très-étendus. Il en est de même des digues élevées pour parer les inondations du Pô. Des difficultés de cette nature se présentent dans plusieurs défilés de l'Allemagne & dans les gorges du Tyrol, &c. On aura pu reconnoître alors l'utilité des caissons à deux roues. — On passera dans ces endroits avec les caissons actuels; car le courage, l'ardeur & l'intelligence des Français vaincront ces difficultés. Ceci fait l'éloge des soldats, mais non pas celui de la construction. Elle eût été parfaite, si elle avoit épargné les maux, les embarras & les retards occasionnés par une disposition que le Cit. V. croit sanctionnée par *l'expérience*, parce qu'on en fait usage en défaut de toute autre.

& de la quantité du poids ; elle dépend auſſi de l'influence des mouvemens latéraux. L'élévation du poids, lorſque le corps d'affût eſt réuni à l'avant-train, eſt plus grande dans les affûts à quatre roues que dans les autres, 1.° parce que, dans ces derniers, la croſſe & le coffret ſont placés ſous l'eſſieu; 2.° parce que l'un & l'autre ſont ſuperpoſés dans les affûts ordinaires. — La différence de la rupture d'équilibre eſt peu de choſe dans une voiture chargée fort bas, & qui ne porte pas au-delà de 1200 ou 1800 livres. J'ai élevé tant ſoit peu les encaſtremens dans les affûts de 8 ſans avant-train, pour atteindre la faculté d'élever davantage nos pièces en bataille. Si l'on ne met pas un grand prix à cette facilité, on peut baiſſer la pièce, de ſix pouces environ. On la baiſſeroit davantage, ſi l'expérience pouvoit atteſter l'utilité de quelques changemens à faire aux eſſieux.

L'attelage en pompe ſous le cou, briſe le choc dans le point de jonction du porte-mouſqueton au colier. La foible action du poids provenant de la rupture d'équilibre, & modifiée par toutes les diſpoſitions dont nous avons parlé, eſt encore partagée ſur deux chevaux. Enfin les mouvemens latéraux ſe décompoſent, par le jeu du timon dans l'anſe de la volée.

Les voitures à quatre roues affectent auſſi les chevaux du timon par des mouvemens qui leur ſont propres. C'eſt le peu d'action des chevaux du timon qui abandonnent ſouvent tout le tirage aux chevaux antérieurs; c'eſt l'inégalité de leur traction (*), qui charge l'un des deux de

(*) Cette inégalité eſt moins ſenſible dans les voitures à deux

la totalité de l'effort ; c'est le ballottement du timon, & des grosses chaînes qu'ils portent sous le cou ; c'est la plus grande inertie de la masse à mouvoir ; c'est enfin le défaut de coïncidence des directions des roues antérieures & postérieures, qui est très-sensible dans les mauvais chemins.

Le Cit. V. a bien voulu croire que le dernier de ces défauts n'étoit amené que par l'imperfection des voitures construites par quelques entrepreneurs. Il se trompe toujours. Ce défaut est inhérent aux voitures à quatre roues les plus parfaites. — Si deux chevaux attelés au timon d'un avant-train sont dirigés pour faire tourner une voiture, ou pour produire un mouvement oblique plus ou moins sensible, le rayon vecteur de cette action est exprimé par la longueur du timon, plus l'espace qui atteint la cheville ouvrière ; le centre de mouvement est à-peu-près sur celle-ci, eu égard à la masse de l'avant-train. Le rayon vecteur de l'arrière-train, & du corps de la voiture est mesuré pas la distance qui est depuis la cheville ouvrière jusqu'au milieu de l'essieu des grandes roues.

Les arcs étant comme les rayons, il est évident que, vu la différence de ceux-ci, & celle du diamètre des roues qui contribue au développement de la courbe, celle qui est décrite par les roues postérieures ne sera pas concentrique, ni semblable à celle des roues antérieures. Il faut

---

roues traînées par deux chevaux ; car si leurs pas ou leurs forces sont inégales, le poids pèse malgré eux également sur leur corps. Or l'action du poids facilite le tirage, d'après les principes de Prony & de Parcieux, que le Cit. V. a cité.

faut ajouter que les changemens de direction ne commencent pas au même instant. Il s'ensuivra alors, ce qui arrive effectivement dans la pratique, que la roue antérieure sera sortie d'une ornière, & peut-être plongée dans une cavité qui seroit à côté de celle-ci, tandis que la jante de la grande roue frotteroit obliquement contre les parois latérales de l'ornière. Cet inconvénient sera d'autant plus grand que la cavité sera plus profonde ; il sera plus ou moins sensible, selon la qualité du chemin ; il le sera chaque fois que les chevaux changeront de direction.

Que si l'expérience démontre que les voitures à deux roues sont traînées par une moindre quantité de chevaux, mais qu'en déterminant *une bonne construction*, elles affectent tant soit peu les chevaux du timon, par cette compensation la somme de la consommation sera égale dans les deux systêmes. L'économie, la simplicité & l'agilité de la marche demeureront à l'avantage des voitures sans avant-train.

Ces réflexions nous amènent à parler des chevaux de l'artillerie. Si ce sujet n'est pas directement lié à notre discussion, il en dérive immédiatement, & il est assez important pour intéresser nos lecteurs.

Il faudroit apprécier jusqu'à quel point seroit admissible cette idée ; qu'un nouveau degré de perfection est alloué au systême qui mettroit le gouvernement dans l'impossibilité d'employer des moyens foibles, compliqués & ruineux pour l'état. Or, la facilité perfide des attelages à quatre roues admet, dans l'hypothèse des opposans, l'emploi des chevaux les plus médiocres fournis par les entreprises. La guerre actuelle eſt peut - être le ſeul exemple qui puiſſe excuſer cette méthode déſaſtreuſe.

J'ignore ſi on ſe contenteroit d'accuſer d'extravagance celui qui propoſeroit ſérieuſement de monter la cavalerie ſur des chevaux de louage. Mais des raiſons non moins puiſſantes exigent que les chevaux de l'artillerie, & les charetiers qui les conduiſent, ſoient livrés en toute propriété à cette arme. Le défaut d'adreſſe & d'inſtruction ne ſont pas les moindres inconvéniens attachés à la méthode actuelle. Un inconvénient plus funeſte eſt la dilapidation du fourrage, le défaut de ſoin & de ſubordination, un mélange confus & monſtrueux d'employés civils & militaires, un nombre exhorbitant de ſurveillans qui ſeroient facilement remplacés par les ſous-officiers de l'arme, un conflit ſcandaleux des autorités; des militaires qui luttent contre des entrepreneurs, les pertes des convois, l'avarie des munitions, les retards dans les mouvemens, les dégâts dans les retraites; & en dernier réſultat, la dette giganteſque dont l'état ſe trouve ſurchargé, à la fin de la guerre, malgré la fortune plus coloſſale encore dont les entrepreneurs ſont munis.

Les abus lucratifs ſe prolongent, parce qu'ils ſoudoient des défenſeurs puiſſans, & le ſyſtême des entrepriſes obtiendra encore une longue durée. On objecte, pour éloigner ſa deſtruction, que le gouvernement jouit de l'avantage d'obtenir des avances & de payer à l'aiſe; que les frais d'adminiſtration abſorbent les profits de toute opération faite pour le compte de l'état. Je réponds à la première objection, qu'il n'eſt pas toujours vrai que le gouvernement paie à l'aiſe, ſur-tout dans un état républicain. Des riches entrepreneurs trouvent toujours le moyen de se faire payer en espèces ou en nature ; la preuve matérielle de cette vérité est dans l'augmentation réelle de leur fortune, à l'instant même où ils réclament avec vivacité contre les retards des paiemens. Et l'éloignement de cette époque n'atténue pas la dette ; elle en augmente les intérêts : toute violation du contrat en définitif, toute récision dictée par la force, seroit un moyen immoral, & peut - être impolitique aux yeux d'un gouvernement sage & équitable. Je réponds en outre que les frais d'administration sont nuls toutes les fois que la surveillance est confiée à des militaires payés d'ailleurs, & qui ont un intérêt puissant à conserver des chevaux qui font valoir le service de leur arme.

On criera sans doute au paradoxe, en lisant que l'on peut douter que la construction qui donne la faculté d'employer des chevaux médiocres, ne soit pas la meilleure. Telle croyance que l'on veuille accorder à une idée que je livre à la méditation d'un administrateur impartial, je m'empresserai de répondre à une objection qui y est immédiatement liée ; la voici. Telle qualité que les chevaux puissent avoir, ils sont toujours détériorés à la fin d'une deuxième campagne, pas les bivouacs non discontinués, par le défaut de nourriture, &c. Il est donc utile alors d'avoir des voitures qui puissent être traînées par des chevaux médiocres, & l'attribution des chevaux à l'arme de l'artillerie ne changeroit rien à cet inconvénient.

Je réponds qu'elle l'atténueroit considérablement. Les charetiers étant soumis à une police militaire, & sous les ordres immédiats des officiers d'artillerie, panseroient journellement & ſoigneuſement leurs chevaux ; le fourrage ne ſeroit pas diſtrait ; la bonté de la nourriture ſeroit vérifiée ; la diſtraction des chevaux pour des ſervices inutiles ſeroit plus difficile ; le brocantage ſeroit ſurveillé & puni ; enfin l'emploi d'un grand nombre de chevaux pour tranſporter tous ces ſurveillans, qui ont grand beſoin d'être ſurveillés, ſeroit épargné. On épargneroit donc une grande quantité de chevaux, & leur détérioration ſeroit plus rare & plus tardive (*).

Je réponds auſſi, & je ſuis forcé de répéter, que même dans l'admiſſion d'un excès de fatigue très-ſenſible par la méthode des voitures ſans avant-train, s'il eſt démontré qu'elles emploient une moindre quantité de chevaux, la diminution du nombre compenſeroit le ſurplus de la conſommation.

Je réponds enfin qu'il eſt évidemment faux que la ſuppreſſion de l'avant-train dans l'affût & le caiſſon de bataille, affecte les chevaux au point d'en augmenter la conſommation.

Nous ne ceſſerons de rappeler à la réflexion que ſi cet excès de conſommation étoit réel, aucun roulier n'admettroit les voitures à deux roues.

(*) Nous avons acquis une preuve de cette vérité dans la durée de cette guerre. Les chevaux qui traînoient les pièces attachées *aux bataillons*, étoient ſous la ſurveillance immédiate des ſergens d'artillerie qui commandoient ces pièces. Leur conſervation & leur embonpoint les faiſoient diſtinguer parmi tous les chevaux de l'armée.

Nous rappellerons que le résultat le plus instructif d'une discussion liée à l'intérêt des individus, est l'adoption libre d'une méthode déterminée par l'avantage étudié de chacun.

Nous dirons qu'en montant sur deux roues les caissons d'artillerie avant tout, on peut introduire, par la forme de l'attelage, & la disposition de la charge, des changemens qui décomposeront presque en entier les contre-coups dont les chevaux plus rapprochés de la voiture, sont affectés.

Nous ferons remarquer enfin que les voitures qui traînent le canon de bataille, ou les caissons qui les suivent, ne portent pas un poids équivalent au quart de la charge ordinaire des rouliers; & si ces derniers trouvent, par le fait, un avantage dans le choix de voitures à deux roues, quoiqu'elles soient construites contre les principes les plus évidens de la statique, le gouvernement pourroit-il douter d'un avantage bien plus étendu, en adoptant des voitures qui réuniroient à un attelage mieux entendu, des dispositions qui feroient disparoître les défauts des voitures de commerce, & le soulagement d'une grande portion du poids?

Ces remarques prouvent assez clairement, à mon avis, que lors même que les chevaux seroient détériorés par les fatigues de la guerre, leurs forces seroient plus que suffisantes pour le service des voitures de cette espèce. Elles prouvent que leur nombre seroit diminué, & que la réforme d'une entreprise ruineuse pour nos finances, & désastreuse pour le service, seroit un lemme amené par ce systême.

Nous faisons à regret l'aveu de la nécessité de ramener

les mêmes idées dans la discussion dont il s'agit. Mais, indépendamment de cet axiôme, que la vérité a besoin d'être reproduite fréquemment, & sous des formes variées, nous sommes entraînés par la marche des raisonnemens du Cit. Villantrois, qui répète quelques assertions que nous avons réfutées ailleurs.

Lorsque l'avant-train est lié à l'affût, ce systême est privé de la flexibilité qui est indispensable à une voiture qui doit parcourir une surface couverte d'inégalités sensibles. C'est pour parer à cet inconvénient, que l'on a imaginé de faire marcher en bataille le corps d'affût séparé de son avant-train, & interposer entre eux un cordage appelé *la prolonge*. Effectivement, l'avant-train, en franchissant un fossé ou en gravissant un ravin, traîne, par ce moyen, le corps d'affût disjoint à une telle distance, que les différences de niveau soient, pour ainsi dire, compensées par le cordage qui se prête à la variété des contours. Cette disposition est ingénieuse; elle est indispensable, comme on l'aperçoit dans le systême des voitures à quatre roues. Elle n'est donc admise que pour corriger un *défaut* inhérent au systême de ces voitures en bataille. J'ai donc dit avec raison, que si l'on adopte une méthode qui fasse disparoître ce défaut, le moyen que l'on emploie pour le corriger, devenoit superflu.

J'ajoute maintenant que ce seroit un avantage réel de supprimer ce moyen, parce qu'il présente des inconvéniens remarquables: 1.° La prolonge casse fréquemment, parce que le tirage est irrégulier, & que la résistance à vaincre est par fois très-grande; 2.° elle augmente l'effort de la puissance qui traîne, vu que le centre de gravité se déplace continuellement & sensiblement, par l'élévation & l'abaissement de la crosse; 3.° cette marche qui fait avancer la voiture par sacades, la fait aussi onduler à droite & à gauche; 4.° elle occupe un vaste espace sur le sol; 5.° Il est indispensable que les charetiers soient très-exercés pour tourner sur le pivot; 6.° on ne peut tourner court autour d'un obstacle qui se trouveroit entre le corps d'affût & l'avant-train; 7.° on ne peut marcher ainsi en descendant, vu que le corps d'affût seroit chassé sur l'avant-train; 8.° il arrive fréquemment en tournant, que la prolonge passe sur les roues de celui-ci, & le renverse; 9.° Les chevaux du timon s'abattent par fois dans les tournans, vu que l'impulsion que l'affût a reçu cessant tout-à-coup dans certain cas, parce que la crosse se trouve arrêtée, & la corde n'étant plus tendue, l'effort du cheval étant d'ailleurs continué, ce dernier tombe par le défaut inattendu de la résistance qu'il s'efforçoit de vaincre. Le Cit. Villantrois semble envisager le secours de la prolonge comme un moyen accidentel que l'on emploie dans les mauvais chemins (*). Mais la pratique de l'artillerie à la guerre auroit pu lui apprendre, que ce n'est pas en route ni dans quelques mauvais pas que l'on fait usage de la prolonge, mais bien habituellement

---

(*) Il est dit (page 25 du Mém.) : « Quant au canon, d'abord » le C. Grobert prétend qu'il y a des chemins où il lui est impossible » de passer monté sur quatre roues. » (N. B. *Le Cit. Grobert n'a jamais parlé de cette difficulté dans les chemins.*) « Soit.... » Eh bien! nous emploierons la prolonge, & nous voilà au » même niveau *que lui*, avec ses affûts à deux roues. »

& indiſpenſablement dans le tumulte & dans le terrain du combat. Il auroit pu ſavoir auſſi que l'artillerie à cheval marche à l'ennemi preſque toujours attelée à la prolonge. Or, il eſt évident que là où il exiſte un défaut, il ſera plus nuiſible, ſi par la nature ou l'habitude des choſes, il eſt plus fréquemment répété.

Le Cit. Villantrois reproduit le cercle vicieux de l'auteur du Manuel, en enviſageant *dans le ſyſtême de l'avant-train, la facilité de ſe prêter à toutes les circonſtances.* Effectivement, ſi la prolonge eſt utile, l'avant-train qui eſt utile à la prolonge, eſt un acceſſoire non moins avantageux. — Mais on peut tirer de ce que nous avons expoſé ci-deſſus, l'argument ſuivant. Il eſt prouvé, *par le fait*, que la méthode de l'avant-train manque de flexibilité, puiſqu'on y applique la prolonge pour y ſuppléer; donc l'avant-train a un défaut avoué par les oppoſans. L'emploi même de la prolonge n'eſt pas exempt de défauts. La ſuppreſſion de l'avant-train eſt donc une diſpoſition qui détruit à-la-fois les inconvéniens du défaut primitif, & du remède que l'on y applique.

L'auteur du Mémoire, qui nous paroît exhiber aſſez ſouvent une aſſertion évidente à ſes yeux, comme étant démontrée à la réflexion de ſes lecteurs, répète, d'après le *Manuel*, que les caiſſons *paſſent par-tout*, & que l'artillerie *paſſe par-tout.* Sans nous arrêter à cette obſervation, que le *Manuel* n'eſt pas à beaucoup près une autorité auprès des officiers de notre arme, il m'eſt permis de faire remarquer qu'un ſyſtême dicté par l'autorité, excluſif de ſa nature, étayé de l'habitude & de la vention qu'elle insinue, triomphera *par-tout*. Ceci ne tend pas assurément à atténuer le mérite des avantages nombreux que l'on trouve dans le systême de l'artillerie française. La franchise avec laquelle j'ai annoncé des perfectionnemens que l'on peut y introduire, peut garantir la sincérité de l'hommage que je lui rends, & qui lui est acquis à juste titre. — Mais si dans l'absence de tout moyen comparatif, on a fait valoir *par-tout* le systême de certaines voitures de guerre, l'on n'a pas *par-tout* tenu compte ni rendu compte de l'embarras qu'elles ont causé, ni de l'impossibilité d'en faire usage en certains cas. Les difficultés ont été vaincues peut-être; mais ne convient-il pas de séparer alors le mérite des hommes de celui des choses, & d'écouter froidement des assertions qui vantent une supériorité sans comparaison, qui éloignent l'essai même de la rivalité, & qui prononcent en proclamant qu'un systême est bon seulement parce qu'il existe? Le Manuel & le Cit. Villantrois appellent cela de l'*expérience*. Nous croirons avec le Cit. Villantrois & le Manuel, que cette expérience sera probante lorsque nous aurons vu un nombre égal de caissons & affûts sans avant-train manœuvrer avec des caissons & affûts à quatre roues, pendant deux ou trois campagnes, dans plusieurs armées. Jusques-là nous nous bornerons à invoquer les expériences comparatives que l'on peut faire, & que l'on a fait sur un certain nombre de voitures des deux espèces. Nous sommes fondés à croire qu'elles n'ont pas été, qu'elles ne seront jamais à l'avantage des affûts & caissons à quatre roues.

L'artillerie de campagne, si l'on adoptoit même le

changement proposé, ne seroit pas pourtant exempte de défauts. Nous serons toujours loin de la perfection dans une arme qui a des besoins si multipliés & si étendus. — Il est des inconvéniens que l'on pourroit corriger; il en est qui lui sont inhérens. On pourroit baisser le centre de gravité des affûts sans avant-train; élastiquer les mouvemens du timon, en le construisant de deux brancards de frêne minces, & accouplés; enfin diminuer la pesanteur spécifique des pièces (*), en changeant l'alloi & la

(*) Le Cit. Villantrois nous avertit obligeamment, dans un de ses Mémoires anonymes, que ce n'est pas la pesanteur spécifique, mais bien la pesanteur absolue dont le Cit. Grobert vouloit proposer la diminution. « Il est vrai, dit-il, que le Cit. » Grobert, dans la vue de diminuer ce qu'il appelle la pesanteur » *spécifique* (1.er Mém. page 6) des pièces de 16 (qui est la » pesanteur absolue), propose d'employer le résultat d'une » formule algébrique de Papacino d'Antoni, qui donneroit une » diminution considérable dans l'épaisseur du métal. » Le Cit. Villantrois, qui n'est pas heureux en citations, a rédigé celle-ci précipitamment. Le Cit. Grobert a dit, page 6 du 1.er Mémoire, « que la richesse de toutes les ressources de la mécanique ne » pouvant pas enlever à une pièce de gros calibre sa pesanteur » spécifique, on doit éviter de les compromettre en les amenant » dans les mauvais chemins. » Et à la page 21 de ce même Mémoire : « Il est un autre moyen qui devroit marcher de » front pour atteindre le but de la légèreté, c'est l'allégement » du *cube* de la pièce........ Si l'on se proposoit d'adopter » une diminution, je crois que l'on pourroit la baser sur la » formule algébrique que Papacino d'Antoni a rappelé dans son » traité sur *l'usage des armes à feu.* » Or, ces deux passages réunis ou séparés, présentent un sens fort différent. Le Cit.

qualité du métal ; ou la pesanteur absolue, en attenuant le cube, & en écrouissant les parois, pour gagner en ténacité proportionnellement à la diminution d'épaisseur.

Le Comité central de l'artillerie de la 4.e année a bien voulu accueillir quelques observations que je lui présentois sur cet objet important. Le Cit. Brézin, artiste habile,

---

Villantrois a préféré de les réunir pour trouver un tort de plus à un opuscule qu'il traitoit avec une sévérité vraiment inhumaine. Le Cit. Grobert avouoit effectivement à la page 6 l'impossibilité, ou au moins la grande difficulté de changer la *pesanteur spécifique* de la pièce, vu qu'il est très-difficile de trouver un métal qui, en conservant la ténacité nécessaire, présente une plus grande légèreté sous le même volume. Il disoit à la page 21, que l'on pouvoit diminuer le *cube* de la pièce, ce qui est assurément autre chose que la pesanteur spécifique. Les moyens indiqués dans le texte peuvent seuls nous amener à la solution de ce problême. Il faut ajouter que l'alloi du métal est différent dans les pièces de gros calibre, vu que celles-ci doivent offrir une plus grande résistance étant destinées au siége. Or, bien loin de faire un emploi vicieux de l'expression de la pesanteur spécifique, les deux passages séparés indiquoient la distinction que l'on faisoit de la diminution portée sur cette propriété plutôt que sur le cube de la pièce. Il n'est pas de contre-sens que l'on ne trouvât dans tous les auteurs, en les citant de cette manière, heureusement peu usitée. — Le Cit. Grobert exprimoit cette idée dans toute sa pureté, lorsqu'il disoit à la page 1 de sa Description des travaux de la place de la Concorde : « Le transport des groupes de *Coustou* ne pouvoit » être effectué par les méthodes communes au déplacement des » statues de toute espèce, & d'autres blocs d'une matière *spé-* » *cifiquement* pesante. »

croit avoir atteint la faculté d'écrouir le cuivre dans l'intérieur des pièces ; il l'a cherchée & en a senti l'importance, dès que je lui ai communiqué des vues sur la nécessité & les moyens de les frapper sur la surface extérieure. — Quant aux pièces en fer battu, je crois avoir aperçu qu'il n'y auroit ni économie, ni solidité & sûreté dans les parois, si on essayoit de les construire d'un calibre qui excéderoit 5 pouces extérieurs.

Après avoir parcouru les défauts que le Cit. V. croit apercevoir dans les affûts & caissons sans avant-train, nous sommes tenus, pour éclaircir plus amplement la question, d'en indiquer les avantages ; en prévenant les opposans, que les règles d'un raisonnement juste & impartial exigent que dans la critique d'un systême quelconque, l'on prouve non-seulement la réalité de ses défauts, mais aussi la nullité de ses avantages, les compensations des uns par les autres, & les perfectionnemens que l'on peut y introduire. Et ce n'est pas-là, certainement, la marche qui a été suivie jusqu'à ce jour par les contradicteurs que l'on nous oppose.

Les avantages que l'on croit donc reconnoître dans les affûts sans avant-train, sont les suivans :

1.° Ils sont plus simples, plus légers & moins coûteux ;

2.° Ils portent un seul encastrement ; ils épargnent la manœuvre du changement, & la construction du double encastrement ;

3.° Ils ne s'annoncent pas dans la marche par un fracas aussi bruyant que celui qui est occasionné par les *chaînes* d'embrellage, les *chaînes* du timon, & les *chaînes* d'enrayage (*).

(*) Le Cit. Villantrois ne voit *aucun moyen d'enrayage* dans les affuts sans avant-train, vu que l'on n'y a pas adapté la méthode déteſtable d'enrayer avec des chaînes. Nous lui obſerverons, 1°. Que ſi ces voitures étoient réellement privées de tout moyen d'enrayage, nous ne croyons pas que cette reſſource fût indiſpenſable lorſqu'une voiture ne porte pas un poids qui excède deux milliers. Or, les affuts de campagne ſont dans ce cas, les deux chevaux du timon ont aſſez de force pour réſiſter à la pouſſée dans les deſcentes les plus rapides, ſur-tout ſi les cannoniers tiennent la retraite avec leurs bricoles; 2°. que dans les deſcentes d'une certaine étendue que l'on rencontre dans la marche, nous n'appercevons aucun inconvénient à atteler en retraite les chevaux antérieurs, dont les harnois doivent être diſpoſés à cet uſage. Nous croyons même que cette méthode eſt préférable à toute autre, en ce qu'elle permet à la roue de tourner ſans la traîner ſur une ſeule jante, comme cela arrive dans l'enrayage à la chaîne. Certes, l'enrayage à la perche n'eſt pas admiſſible dans toute autre voiture que celle des rouliers, vu que le frottement enlève la peinture de la jante & du moyeu. Si l'enrayage des Liégeois n'avoit pas le même inconvénient, il ſeroit encore préférable. Le retard de la révolution de la roue ſe fait dans ce pays par l'interpoſition d'un paquet de baguettes élaſtiques dont une extrémité eſt attachée au brancards, tandis que l'autre s'inſinue entre les rais pour échapper ſucceſſivement.

On objectera peut-être que dans une retraite précipitée le temps d'atteler des chevaux en retraite pourroit manquer. Mais trouveront-on le temps d'enrayer avec la chaîne, & ſi on y parvient, comment fera-t-on marcher rapidement une voiture enrayée de la ſorte ſans arracher la jante & le rais, ou peut-être caſſer la chaîne? — Nous croyons donc devoir préférer la méthode d'at-

4°. Ils ont moins de recul (*).

4°. Ils offrent une plus grande agilité, & plus de facilité dans les tournans.

---

teler les chevaux antérieurs en retraite dans les cas fort rares où ceux du timon ne pourroient pas retenir la descente d'une voiture qui n'est pas trop chargée.

(*) Le Cit. Villantrois a pris la peine de faire dans le second Mémoire anonyme une espèce d'énumération de ce que le Cit. Grobert *ignore*.. Celui-ci eût fourni à ce sujet une note beaucoup plus étendue & plus piquante. Chaque jour étend à ses yeux l'horison de ce qu'il *ignore*, voire même de ce qu'on *ignore* dans son art. L'Encyclopédie de l'*ignorance* seroit bien instructive.

Il est dit dans ce Mémoire que le Cit. Grobert *ignore* entre autres choses que le recul des pièces n'influe ni sur la justesse du tir ni sur la portée. — Il est vrai que le Cit. Grobert ignore cette théorie étonnante. Il croit avec Newton, d'Alembert & Galilée qu'il n'y a point d'action sans réaction; & que l'une se fait infailliblement aux dépens de l'autre. L'expérience d'une pièce suspendue comme un pendule & tirée dans cette position ne prouve rien à ses yeux contre cet axiome. Il ne peut pas étaler ici un long raisonnement pour prouver son assertion. Il se borne à observer que cette expérience, dont il n'existe aucun procès-verbal authentique, n'indique pas la distance à laquelle le boulet a frappé, ce qui est un des élémens les plus importans du raisonnement. S'il osoit rappeler un fait dont il a été témoin, il attesteroit avoir vu au débarquement des Espagnols sous *Alger*, commandé par *Orelly*, des affuts dont les crosses étoient enterrées dans le sable, & qui sous le même angle de projection, atteignoient à une plus grande distance que ceux que l'on n'avoit pas pu fixer ainsi, vu la nécessité de les faire

6°. Ils employent un moindre nombre de chevaux & de fervans.

7°. Ils épargnent le fecours de la prolonge autant pour le paſſage des ravins & des foſſés que pour les feux de flanc & de retraite.

8°. Ils occupent moins d'eſpace fur le fol. Les militaires de toutes les armes favent quel eſt l'embarras occaſionné par la préſence des avant-trains entre les deux lignes en batailles.

Les avantages que nous croyons appercevoir dans les caiſſons que nous avons décrits dans cet Ouvrage peuvent être ainſi motivés.

1°. Ils font plus légers & moins couteux.

2°. Ils ont un tournant plus facile & plus étendu.

3°. La pluie ne fauroit pénétrer leur couvercle.

4°. L'élaſticité des mouvemens aſſure la conſervation des gargouſſes.

5°. Ils franchiront les foſſés, & fuivront *par-tout* la marche de l'affût.

---

manœuvrer. — Il citeroit la même diſpoſition pratiquée dans le cours de cette guerre par le général *Meunier* à Mayence. Cet officier, dont les lumières & les qualités exciteront les regrets de tous les amis de la gloire nationale, étoit dans la même ignorance que le Cit. Grobert. Il lui a fait ſouvent l'amitié de l'entretenir des moyens de diminuer le recul fans endommager les affuts. Enfin, un très-grand nombre d'officiers d'artillerie *ignorent* auſſi la doctrine du Cit. Villantrois. Si les avis font donc au moins partagés, *& adhuc ſub judice lis eſt*, cette vérité nouvelle ne fauroit groſſir le nombre de celles que le Cit. Grobert ignore.

6°. Ils ſont moins chargés de fer; ils exigent moins de chevaux pour être traînés.

J'avois fait remarquer dans les Mémoires précédens la différence qui exiſte entre les *expériences* & l'*expérience.* Comment l'auteur du Mémoire peut-il me ſuppoſer la mal-adreſſe de raiſonner dans un ſens oppoſé aux principes que j'avois proclamés? — Ce n'eſt pas ſur des expériences iſolées, & pour leſquelles toutes choſes étoient préparées, c'eſt d'après la manœuvre non diſcontinuée des affûts ſans avant-train faite à Meulan journellement, & pendant quinze mois conſécutifs que j'ai haſardé mon opinion ſur les voitures de guerre montées ſur deux roues. J'attache fort peu d'importance à captiver celle des autres. La ſatisfaction que l'on peut en retirer ne vaut pas ce qu'il en coûte pour la conquérir. J'avois interrompu de bon gré les expériences ultérieures que l'on demandoit à la proximité de Paris; car je n'appercevois aucun avantage pour le gouvernement à attaquer une répugnance manifeſte; & ſi le Cit. Villantrois n'avoit pas publié ſon Mémoire, je n'euſſe jamais entretenu le public des affûts & des caiſſons; l'Ouvrage plus étendu que je me propoſe de lui ſoumettre ne concerne que les voitures de luxe & de commerce. La voix toute-puiſſante de l'intérêt préſidera en pareil cas au jugement des individus. L'opinion intolérante du ſyſtême eſt ſouvent créé par la force, ſoutenue par l'enthouſiaſme, & anéantie par la raiſon.

L'Auteur du Mémoire parle des expériences *que je prétends avoir fait.* Les lois du 4 juin 1793 & celle du 22 vendémiaire l'an 2ᵉ, qui ſont relatives à mes conſtructions, ſont inſérées dans le Code Militaire (T. IV.) Elles ont

ont été infailliblement rendues d'après des expériences ; des corporations ſavantes, des officiers ſupérieurs de l'artillerie & du génie, des militaires de toutes les armes, & des commiſſaires fréquemment envoyés par les autorités de toute eſpèce, dans le temps où je dirigeais l'arſenal de Meulan, les ont jugées. Elles ont été répétées dans les trois camps ſucceſſivement formés ſous Paris. J'ignore quelle publicité plus grande il faut donner à des expériences pour que leur authenticité ne puiſſe être infirmée ! « Dans ces expériences » d'ailleurs, ajoute le même Auteur, on fait ce qu'on veut. » J'ignore ſi on peut en faire de cette nature ; un tel art m'eſt inconnu. Je ſais qu'il eſt impoſſible de faire *ce qu'on veut* devant des juges éclairés & impartiaux. Je ſais qu'il étoit de mon intérêt de provoquer toutes les difficultés pour appercevoir les corrections que j'introduirois dans ce ſyſtême s'il étoit adopté. Je ſais que je l'ai fait, & que pluſieurs expériences ont été exécutées avec des moyens déſavantageux. — Mais il eſt une grande différence entre le ſoin de *tout préparer* pour la réuſſite d'une opération, ou d'éviter *que tout ne ſoit préparé* pour la faire échouer. Les expériences même que l'on feroit aux armées ne pourroient amener aucune conviction, ſi *toutes choſes* étoient préparées pour aigrir l'eſprit des chefs, diſſuader le ſoldat, exagérer les moindres revers communs au ſyſtême ordinaire, déguiſer les avantages, ou éloigner le moyen de s'en procurer, &c. &c. car il n'eſt pas de militaire inſtruit qui ne ſache pas qu'il eſt des événemens *de guerre dont on dit ce qu'on veut.*

Le Cit. Villantrois revient enfin à l'expérience *des fardiers.* Ma réponſe ſera conciſe par pluſieurs motifs qui paroîtront plausibles à ceux qui sont mieux instruits que lui sur cet objet. L'expérience ne m'a rien appris contre les fardiers, si ce n'est la modification de leur emploi, & quelques corrections de détail. Pour le surplus, je le renvoie à la lecture de mon 3e Mémoire, pag. 41, 42 & 43.

Tout ce que je viens de dire sur les expériences, des voitures de guerre à deux roues peut être résumé dans la proposition suivante.

Je ferai, lorsqu'on voudra, & pendant un long espace de temps, des expériences comparatives avec des affûts & caissons sans avant-train. J'affirme que je marcherai en traînant les affûts de cette espèce avec moins de chances de retard & une célérité sensiblement plus grande dans les tournans, dans l'intérieur des bois, &c. & les terrains semés d'inégalités. J'affirme qu'il sera *évidemment impossible* aux caissons ordinaires de passer *par-tout* où je passerai avec les caissons sans avant-train.

Deux objets, dont la distinction est importante, se présentent dans cette recherche. Il convient de traiter séparément, 1°. l'application du système des voitures à deux roues à la construction des affûts & caissons de campagne; 2°. l'examen de l'affût & du caisson proposé par le Cit. Grobert. C'est la première question qui a été plus spécialement discutée dans ce Mémoire Quant à la seconde, il est indubitable que l'expérience même a fourni à l'Auteur le projet de plusieurs changemens intéressans à introduire dans la construction de ses affûts sans avant-train. La prétention puérile d'une perfection impossible ne sauroit appartenir à la recherche de la vérité, inspirée par la bonne-foi & par le desir de rendre nos travaux utiles à notre arme, & à la chose publique.

APPENDICE.

PAG. 5 LIG. 14.

J'AI fait quelques recherches lors du ministère de M. de Calonne, pour connoître, par l'arrivage des voitures de commerce à Paris, le nombre de celles montées sur deux roues. J'ai eu beaucoup de peine à me procurer des renseignemens précis. Le résultat de ceux que j'ai pu recueillir à la police, à l'hôtel des fermes, dans les bureaux des roulages, & dans celui de la marée, ont été tels que sur 1200 voitures de commerce ou de service public dans Paris, 800 sont montées sur deux roues. Je n'ai pas compris dans cette évaluation les voitures qui viennent dans l'arrondissement de deux lieues, pour apporter journellement du lait, des légumes, &c. car ce nombre double à peu près celui que j'ai apperçu. Sans doute, ces assertions peuvent être combattues, mais elles peuvent être aussi vérifiées. Une autorité que l'on ne sauroit pourtant nier, est l'ancienne ordonnance, & la rédaction du tarif inséré dans toutes les lois rendues depuis cinq ans sur les postes. On y verra que la quantité des chevaux alloués aux maîtres de poste est *double* pour les voitures à quatre roues. Il est superflu d'observer que j'entends par voitures de commerce celles qui sont exclusivement destinées au transport des marchandises. Les carrosses de toute espèce ne peuvent pas être com-

P 2

pris dans cette comparaison, attendu qu'ils sont consacrés à des besoins qui exigent la présence de l'avant-train.

(*Voyez pag.* 74.)

PAG. 10 LIG. 10.

On ne parle pas ici de l'effort que feroit un homme pour *arracher* un bâton dans une direction qui se prolongeroit sur celle de la puissance. On veut exprimer l'action d'un homme qui pèse sur le bâton pour l'arracher; la direction de sa force fait un angle quelconque avec celle du lévier enfoncé. L'effort d'un homme qui pèseroit sur le manche d'une bêche enfoncée dans la terre, exprime plus grossièrement, mais plus exactement cette idée.

PAG. 15.

On a énoncé ainsi la formule $\frac{\frac{P \times r}{3}}{R} \times \frac{P \times \frac{n}{2}}{R - \frac{n}{2}}$ afin de la calquer sur le raisonnement précédent; mais si celui-ci est suffisamment développé, on pourroit la représenter avec plus de simplicité sous la forme suivante :

$$\frac{P \times r}{3 R} + \frac{P \times n}{2 R - n}$$

Il est certain que si l'on prend, ainsi que M. Coquet l'a fait dans sa dissertation, (Mém. de l'Ac. des Sciences, année 1733,) la totalité de ligne MP (*fig.* 3.) moins la hauteur de l'obſtacle, pour un bras de levier, & la ligne C M pour le bras de levier oppoſé, ce raiſonnement donnera un réſultat bien différent.

Il faudroit peut-être exprimer ainſi la réſiſtance en appelant f le frottement $\frac{P}{R-n} \times \left(\frac{f.R.r}{R-n} + \sqrt{2Rn-n^2}\right)$

en faiſant $f=\frac{1}{3}$, on auroit $\frac{P}{R-n} \times \left(\frac{R \times r}{3R-3r} + \sqrt{2Rn-n^2}\right)$

Il eſt vrai toutes fois que le calcul de ce radical deviendroit très-long.

Indépendamment de cette remarque, il eſt utile d'obſerver que la méthode de M. Coquet, quoiqu'émanée des préceptes d'une théorie exacte, donne en dernière analyſe un faux réſultat. C'eſt pour un tel motif que le Cit. Prony a fait remarquer dans ſon architecture hydraulique, *qu'elle n'étoit pas applicable à la pratique.*

On voit effectivement dans le Mémoire précité, que la traduction de la formule très-compliquée indiquée par Coquet, donne un produit trois fois plus grand que celui du moment que l'on attribue communément & approximativement au cheval (*). Cet auteur obſerve que cet effort peut être triple vu qu'il s'agit de ſurmonter un obſtacle. Mais pourquoi ne feroit-il pas double, quadruple, &c.? La latitude eſt donc énorme & l'hypothèſe arbitraire.

Le Cit. Coquet n'enviſage d'ailleurs l'obſtacle de 6

(*) Encore a-t-on admis dans l'hypothèſe une roue dont le diamètre feroit de 6 pieds; ce qui eſt au-delà des dimenſions des roues ordinaires.

pouces que comme une circonſtance iſolée ; tandis que l'utilité de la formule que nous avons donné eſt eſſentiellement motivée par ſon application à un tirage continu, en évaluant les obſtacles ſucceſſivement diſpoſés les uns après les autres ainſi qu'ils le ſont dans la nature. On voit donc que dans cet état de choſes on ne pouvoit pas prendre la hauteur du bras de levier au premier inſtant de l'impulſion, mais bien chercher par approximation l'ordonnée qui exprimoit le bras de la réſiſtance après que le poids étant tombé du ſommet de l'obſtacle extérieur, avoit déjà remonté une portion du plan incliné de l'obſtacle ſur lequel il eſt, pour ainſi dire, lancé. Si l'on obſerve attentivement la marche d'une voiture, on verra que cette ondulation eſt la ſeule qui exprime bien la réſiſtance que la roue ſur laquelle le poids eſt porté, éprouve ſur le ſol.

Enfin, la traduction de la formule calquée ſur nos charges, & nos voitures ayant donné une approximation au moment connu du cheval, nous avons cru que ce réſultat, qui étoit le plus important, déterminoit l'exactitude que l'on peut obtenir en pareil cas, & rempliſſoit le but de ſon application à nos beſoins pratiques.

PAG. 75.

Il eſt infailliblement utile que dans la conſtruction des voitures avec avant-train on donne un diamètre égal aux roues antérieures & poſtérieures. Mais on diminuera d'autant le tournant de celles qui ſont *à flèches.* On peut corriger ce défaut en conſtruiſant une flèche courbée montée ſur des moutons, & ferrée de manière à obtenir la plus grande ſolidité. Je donnerai ailleurs la deſcription de cette flèche. Il ſuffit d'obſerver que l'on peut courber une flèche de manière qu'une roue de 6 pieds puiſſe s'introduire ſous l'arc & tourner à 90 degrés. Ceci n'eſt qu'un problême de conſtruction, qui a été réſolu par pluſieurs artiſtes.

PAG. 91.

L'on peut conduire un caiſſon à 4 roues dans un ſol inégal, en faiſant adoucir des talus, & combler des foſſés par des pionniers. Mais ceci altère l'état de la queſtion; car il faut préparer les voitures pour le ſol, & non pas le ſol pour les voitures. Le temps n'eſt plus où l'on ſe préparoit pour une bataille comme pour un tournois. On examine dans ce problême ſi le caiſſon à deux roues n'eſt pas mieux diſpoſé que le caiſſon ordinaire pour parcourir un terrain très-inégal, tel que l'eſt ordinairement celui où l'on manœuvre devant l'ennemi.

LETTRE

LETTRE

AU CIT. MILET-MUREAU,

GÉNÉRAL DE BRIGADE,

DIRECTEUR DES FORTIFICATIONS, &c.

SUR la description des travaux exécutés à la place de la Concorde.

GÉNÉRAL,

J'AI reçu les deux Mémoires anonymes que vous avez pris la peine de me transmettre (*). *Malgré la lettre obligeante qui les accompagne, vous approuverez que je n'attache pas une grande importance à leur réfutation. Il est difficile d'offrir au public une* réponse *sans l'entretenir trop de soi-même. Il est difficile d'échapper au reproche d'une diction trop chaleureuse, ou à la froideur humiliante d'un lecteur excédé d'attaques & de répliques.*

(*) Le général Milet-Mureau, chef de la 3me division du ministère de la guerre, ayant reçu ces deux Mémoires anonymes, sans lettre d'envoi, qui pût en indiquer l'auteur, suivit, en me les renvoyant, les bases de justice qu'il avoit adoptées pour son administration, & qui le portoient dans toutes les affaires à donner toute la latitude possible aux parties intéressées pour faire valoir leurs raisons. Cette marche équitable étoit utile au bien du service lorsqu'il étoit question du progrès de l'art.

La nécessité de répondre *est donc un malheur attaché à la vie sociale. Il faut le reculer autant que faire se peut, ou autant que faire se peut utiliser cet ennui. — Cette idée peut adoucir le dégoût qui accompagne une tache aussi pénible; & c'est dans une telle vue que je me propose de rassembler quelques matériaux épars pour soumettre à l'examen des savans & des artistes mes observations sur la construction des voitures de toute espèce. Je dirai un mot alors de l'ouvrage de cet anonyme qui semble écrire avec toute l'assurance qu'inspire la certitude de plaire au plus grand nombre. Je n'ambitionne pas cet avantage.*

Mais afin que l'assertion gratuite ne remplace pas la vérité, je prens la liberté de vous communiquer dès-à-présent quelques observations succinctes sur le deuxième Mémoire relatif aux travaux exécutés sur la place de la Concorde. Il est question d'objets qui sont plus rapprochés de cette branche de l'art militaire où vous occupez à juste titre un rang distingué; vous serez à même d'apprécier la bonté des objections que l'on a trop rapidement consigné dans le Mémoire indiqué.

Les reproches de l'auteur anonyme peuvent être résumés à mon avis dans ces trois articles.

1°. *Les bois des brancards du chariot, & les fourrures qui composent le poulain sur lequel le groupe étoit porté sont trop fortes d'après les tables de Buffon.*

2°. *On a indiqué le rayon des poulies supérieures de la machine destinée à élever le groupe comme multiplicateur de la puissance, tandis que ces poulies font la fonction du renvoi.*

3°. *Le Cit. Grobert atteste dans son ouvrage que les meilleures décisions pour accélérer les constructions publiques sont celles qui sont prises* d'homme à homme.... *Et comme l'auteur anonyme parle précédemment, & on ne sait pas pourquoi, de quelques thêmes d'artillerie, il ajoute ici...... « On voit à » quoi le Cit. Grobert veut en venir. »*

Voici les observations que l'on peut opposer à ces remar-

ques. De telles objections sont peut-être déjà répondues dans l'esprit de ceux qui joignent comme vous des lumières étendues à une impartialité sévère.

1°. Les expériences faites par Buffon sur la résistance des bois, n'étoient applicables par leurs résultats qu'aux bois posés à demeure, & nullement aux parties d'une machine en mouvement, & qui doit supporter les secousses du cahot, dont les effets ne sont pas soumis au calcul.

2°. Les bois des brancards sont débillardés entre leurs points d'appui, ce qui occasionne une décomposition de forces assez considérable. Effectivement, ces brancards fléchissoient par des vibrations très-sensibles, sous l'action des cables qui supportoient le groupe, lorsque le chariot étoit en marche.

3°. Ce charriot n'étoit pas construit exclusivement pour cette opération, & il étoit utile de donner à toutes les parties, des dimensions capables de résister à des plus grands efforts.

4°. L'augmentation de quelques pieds cubes de bois ne pouvoit entraîner d'autre inconvénient qu'une surcharge de 5 ou 600 pesant. Or ce poids étoit presqu'insensible dans une voiture attelée d'un certain nombre de chevaux, & dont les roues avoient un diamètre qui soulageoit si efficacement la puissance. L'expérience a démontré avec quelle facilité ce transport a été fait.

5°. Si l'auteur anonyme avoit lu attentivement la description en question, il se fût convaincu que la hauteur des semelles qui composent le poulain étoit donnée. La manœuvre faite en cette occasion étant peut être la seule nouveauté que l'on puisse remarquer dans ce travail, il eût apperçu que la méthode de substituer les fourrures à la pierre du piedestal de Marly à mesure que celle-ci étoit enlevée par tranchées, prescrivoit la dimension de la hauteur des semelles, qui devoit être égale à la hauteur de chaque assise de pierre. Il falloit effectivement détruire celles-ci jusqu'au joint, afin de diminuer les difficultés que l'on rencontroit en l'entamant avec les outils.

6°. Buffon, & peut-être mieux que lui Duhamel, n'a pas

ſeulement obſervé le maximum *du premier effort pour faire rompre un bois de telle eſpèce & ſous telle dimenſion. Ces auteurs ont remarqué avec raiſon que le bois qui réſiſtoit à une preſſion donnée pendant une minute ne réſiſtoit pas dans une durée double ; que celui qui ne s'affaiſſoit pas pendant un jour, ſe briſoit au bout de trois jours, &c. — L'auteur du Mémoire ſe trompe groſſièrement même dans la citation qu'il produit en prenant le premier* maximum *de l'effort inſtantané pour la baſe de ſon calcul. Ce poulain étoit fait pour ſupporter le groupe pendant un certain eſpace de temps ; il l'a ſupporté en effet pendant pluſieurs mois ſur l'échafaud élevé à la place de la Concorde.*

7°. *Une de ces ſemelles, auxquelles l'auteur anonyme reproche une épaiſſeur exceſſive*, a caſſé *lors de l'élévation du deuxième groupe. Il n'y avoit aucun nœud ni aubier dans l'endroit de la rupture. Le Cit. Carnot, actuellement membre du directoire, & le Cit. Prieur (de la Côte-d'Or,) ont été témoins de cet accident. Je me ſuis félicité alors que les beſoins de la conſtruction m'aient contraint à donner une épaiſſeur convenable aux autres ſemelles qui ſupportoient le groupe* (*).

Examinons la deuxième objection.

Il eſt infaillible que la branche du cable qui ſupportoit le poids, avoit une vîteſſe exactement égale à celle ſur laquelle agiſſoit la puiſſance. La poulie ſupérieure, qui étoit intermédiaire, ne pouvoit donc offrir, ſous ce point de vue, aucun moyen de quantité avantageux ou nuiſible à la puiſſance. — Oſerai-je dire que les perſonnes qui me connoiſſent quelque habitude pour des conſtructions de cette eſpèce ne m'euſſent pas cru capable de haſarder une aſſertion qui détruiroit un principe auſſi évident ?

(*) D'autres beſoins que ceux de la réſiſtance des bois déterminent leurs épaiſſeurs. Elle ſeroit exceſſive dans les affûts de place & de côte ſi elle étoit évaluée ſur la hauteur. Mais elle eſt néceſſaire pour atteindre l'élévation des parapets, pour aſſurer la durée, &c.

Mais le groupe ne pouvant pas être élevé ſans que le frottement *du tourillon de la poulie ſupérieure fût vaincu, il eſt également évident* 1°. *que tout l'effort du poids, plus celui de la puiſſance qui élève agiroit ſur le tourillon*. 2°. *que l'étendue du rayon de la poulie aideroit l'action de la puiſſance pour ſurmonter ce frottement.*

C'eſt donc ſous ce point de vue que dans le premier manuſcrit il avoit été indiqué comme le multiplicateur de la puiſſance. Je me ſuis apperçu par ſuite de l'équivoque, que cette expreſſion pouvoit occaſionner, & j'avois ſubſtitué à l'ancienne expreſſion celle-ci : le rayon des poulies ſupérieures diviſeroit le frottement de leurs axes. *C'eſt par une faute du copiſte qu'elle n'a pas été livrée ainſi à l'impreſſion. La preuve de cette aſſertion eſt dans la correction faite à la main de pluſieurs exemplaires, bien avant que le Mémoire qui me parvient ne fût connu. Je citerai entr'autres ceux que j'ai donné à l'Inſtitut national, à différens membres de cette ſociété, & ceux qui ont été dépoſés dans les bibliothèques publiques.*

Enfin, le troiſième reproche eſt l'énoncé d'un ſoupçon, peu obligeant à dire vrai, mais ſur lequel il eſt facile de diſſiper les alarmes de l'auteur.

C'eſt une opinion qui m'eſt perſonnelle que les concours *provoqués pour l'exécution des monumens publics ne rempliſſent pas le but que le gouvernement croit atteindre. Une affreuſe expérience a appris à pluſieurs ſavans & artiſtes que la partialité influe ſur le choix des juges, que les réclamations des concurrens léſés éveillent tôt ou tard l'attention de ceux qui déterminent l'exécution : que l'eſſor des idées gigantesques, ou diſproportionnées avec les moyens économiques du moment concurrent avec pluſieurs motifs à ajourner indéfiniment des embelliſſemens que l'on eût exécuté partiellement & à peu de frais ſi un ſeul homme avoit été choiſi pour les parfaire. Cette convocation bruyante qui paroît devoir ſatisfaire à un principe de juſtice, ne fait qu'enhardir la médiocrité, repousser le vrai talent qui dédaigne de s'y assimiler, aiguiser les armes de la jalousie, & forcer le concurrent le plus simple à l'intrigue & au besoin humiliant de la sollicitation.*

Ces motifs & le desir de voir décorer promptement la place de la Concorde avoit dicté le paragraphe suivant. (Description des travaux, &c. pag. 6. 2me colonne.) « *Si l'imagination fran-*
»*chit l'intervalle qui existe entre ce travail, & les chef-d'œuvres*
»*de l'art dont le génie a pu obtenir l'exécution, on ne sera*
»*plus étonné de leur prompte & facile adoption chez les grandes*
»*nations, toutes les fois que la communication entre la faculté*
»*d'agir & la puissance d'ordonner a été immédiate & dégagée*
»*d'entraves. J'apperçois que le plus grand nombre des monumens*
»*que l'envie épargne, & que la postérité admire*, ont été décidés
»par une résolution prise d'homme à homme; *le colisée & la*
»*façade du Louvre ne sont pas les moindres exemples de cette*
»*vérité, &c.* » *Il est donc évident que je ne parlois alors que des* monumens *& des constructions publiques. Par quel vertige peut-on m'attribuer le projet de chercher la confiance exclusive du gouvernement pour les constructions de l'artillerie? Car cette phrase, « on voit à quoi le citoyen Grobert veut en venir », après avoir exhibé un exorde un peu médiocre sur les constructions d'artillerie, après avoir déclaré que « l'on vouloit voir* »*en examinant cet ouvrage si le Cit. Grobert mérite la confiance* »*qu'il réclame, &c.*» *Cette phrase, dis-je, ne sembleroit annoncer que la crainte de cet* envahissement, *dont l'extravagante idée ne s'est jamais offerte à mon imagination.*

Quoique le passage précité prouve à l'évidence que je ne veux en venir *à autre chose qu'à accélérer l'embellissement de cette place qui est le plus beau site des villes d'Europe, que je demande le choix d'un architecte habile, sans passer par la méthode longue & inefficace des concours, on peut puiser deux preuves ultérieures de cette vérité,* 1°. *dans la lettre que j'écrivis à ce sujet au directoire,* 2°. *dans celle que j'insérai dans le Journal de Paris* *à l'époque du concours ouvert à ce ſujet* (*). *Cette lettre publiée dans deux Numéros ſéparés, vu ſon étendue, étoit ſeulement deſtinée à combattre le préjugé des concours, ſur leſquels* Linguet *avoit coutume de dire : « Il n'eſt plus que les » curés de village qui y travaillent de bonne-foi. »*

La confiance du gouvernement, ce mot qui tourmente ſi évidemment l'auteur du Mémoire, eſt aſſurément un titre flatteur pour tout Cit. zélé. Mais je crois que perſonne n'a moins d'aptitude que moi pour l'acquérir. — La ſolitude & le travail ſont pour moi des plaiſirs, ou plutôt des beſoins d'habitude. On ne peut guères les ſatisfaire ſans négliger les moyens qui ſont par fois indiſpenſables pour acquérir cette confiance dont l'auteur ne parle pas de ſang-froid. Il eſt enfin une réflexion qui, avant toute autre, s'eſt probablement préſentée à l'eſprit des membres du directoire, des miniſtres, & de tous les individus qui avoient auprès d'eux quelque influence, auxquels l'auteur anonyme a pris la peine de faire parvenir des copies de ſon travail; la voici : Le haſard m'a fait attribuer l'opération du tranſport & de l'élévation des groupes de Couſtou. J'ai dit ailleurs avec une conviction ſincère que d'autres ingénieurs euſſent obtenu le même ſuccès. Mais cette opération a réuſſi. Le public a bien voulu y applaudir. Je pourrois tirer quelque vanité des lettres officielles que le directoire a bien voulu m'adreſſer à ce ſujet, & autant de ſatisfaction de celles que pluſieurs corporations ſavantes de France ou de l'étranger ont daigné me tranſmettre. En un mot, puiſque l'auteur me force à argumenter par les faits, les faits parlent.... & (paſſez-moi l'expreſſion) mieux que ſon Mémoire.

Quel motif a donc pu exciter cette aggreſſion? Quel motif a pu faire adreſſer des notes anonymes à des Journaliſtes probes qui les ont rejetées? Quel motif peut excuſer un déſordre non

---

(*) Ce concours n'a produit aucun réſultat. Ce qui fournit peut-être une preuve à l'appui de l'opinion que j'avois énoncée.

discontinué d'idées, & un style assez inférieur à celui qui n'est que rapide?

Je me surprens, général, à répondre sérieusement à ce qui n'a excité probablement que votre sourire. Je crains que ce tort ne soit plus vrai que ceux que l'auteur anonyme m'a légèrement attribué.

Salut & respect,

A Paris, ce 2 floréal, l'an 4me de la République Françaife.

J. GROBERT.

PRIX DE L'OUVRAGE, 50 SOLS.

ON LE TROUVE A PARIS,

Chez { MAGIMEL, libraire de l'artillerie, quai des Augustins.
DIDOT, rue de Thionville.
LAREN, DESENNE, } libraires au Palais-Egalité.

Au Bureau du JOURNAL DE PARIS.

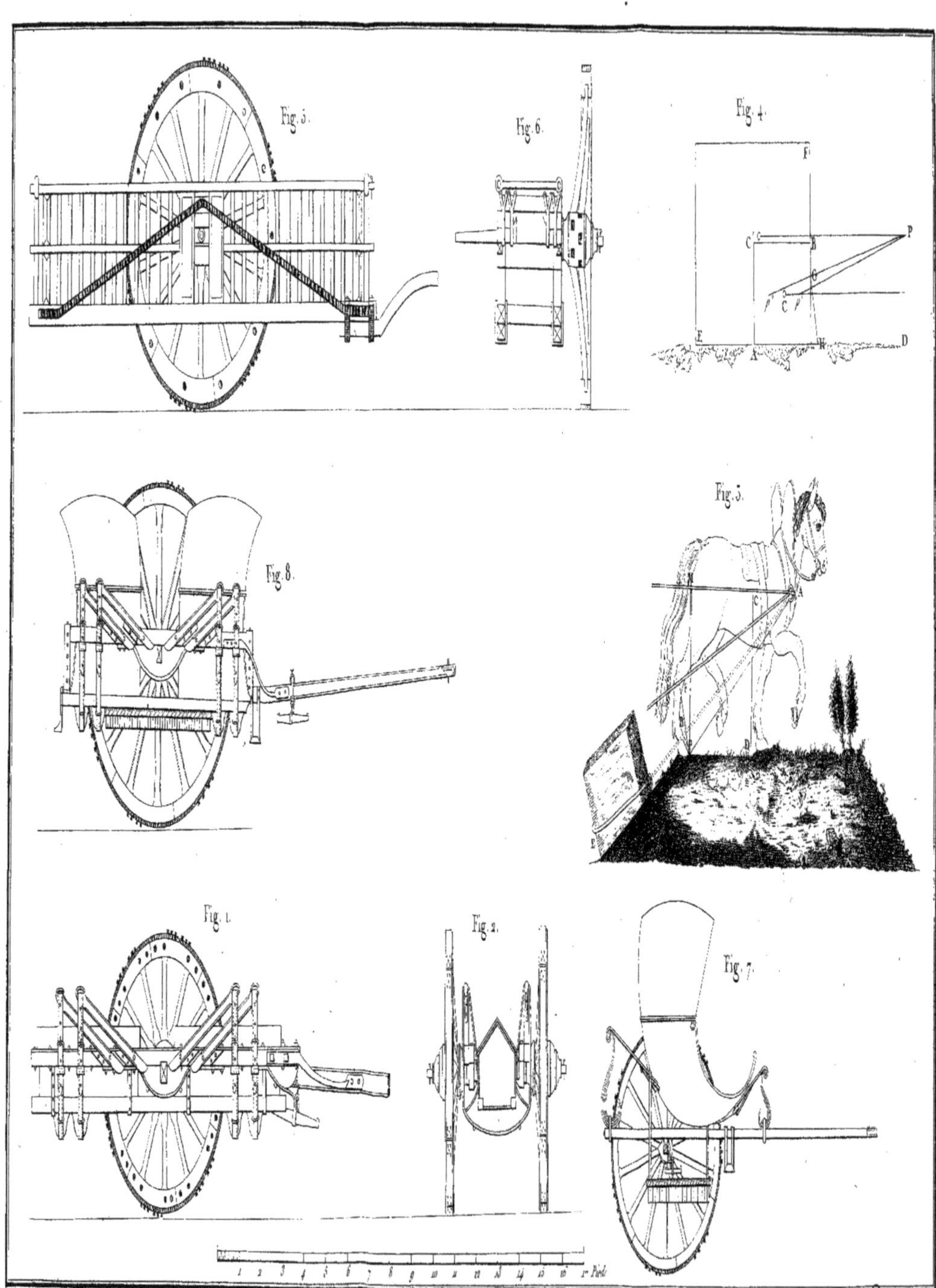

Sellier Sculp.

www.ingramcontent.com/pod-product-compliance
Ingram Content Group UK Ltd.
Pitfield, Milton Keynes, MK11 3LW, UK
UKHW020322180726
13839UKWH00002B/521

9 782329 594859